König · Volmer · König
mini-handbuch **Systemisches Coaching**

Eckard König · Gerda Volmer ·
Mareike König

mini-handbuch
Systemisches Coaching

BELTZ

FSC
www.fsc.org
MIX
Papier aus verantwortungsvollen Quellen
FSC® C089473

Dieses Buch ist auch erhältlich als:
ISBN 978-3-407-36735-8 Print
ISBN 978-3-407-36743-3 E-Book (PDF)

1. Auflage 2020

Lektorat: Ingeborg Sachsenmeier
Umschlagillustration: Jonathan Bachmann
Satz und Herstellung: Michael Matl
Layout: Antje Birkholz
Druck und Bindung: Beltz Grafische Betriebe, Bad Langensalza
Printed in Germany

Weitere Informationen zu unseren Autor innen und Titeln finden Sie unter:
www.beltz.de

Inhaltsverzeichnis

Teil I

Systemisches Coaching: Was ist das?

Der systemische Blick

BEISPIEL: EINE NEUE POSITION IM SYSTEM

Horst Fuchs war bis vor einem halben Jahr Mitarbeiter im Team. Jetzt ist er Abteilungsleiter geworden und hat sich mit Feuereifer an seine neue Aufgabe gemacht. Er hat einige Projekte angeschoben, die ihm schon lange vorschwebten, und er will enger mit den Teamleiterinnen und Teamleitern zusammenarbeiten.

Nur, es entwickelt sich nicht so, wie er sich das vorgestellt hatte. Bislang war er geschätzter Kollege. Doch in der neuen Position hat er mit Problemen und Widerständen zu kämpfen: Das Verhältnis zu einigen Kollegen hat sich merklich abgekühlt. Frau Flick, eine ehemalige Kollegin, die sich selbst Hoffnungen auf diese Position gemacht hat, lässt sich von ihm nichts sagen. In den Abteilungsbesprechungen gibt es endlose Diskussionen. Die Projekte geraten ins Stocken – und auch vonseiten der Geschäftsführung kommt zunehmend Kritik, dass er die in ihn gesetzten Erwartungen nicht erfüllt. Horst Fuchs weiß nicht weiter und bittet die Personalleiterin, Frau Voss, um Unterstützung. Diese schlägt ein Coaching vor.

Möglicherweise haben Sie selbst ähnliche Erfahrungen gemacht: Sie kommen in eine neue Position, Sie haben einen Beratungsauftrag oder Sie führen ein Training durch – und auf einmal klappt nichts mehr. Irgendwie kommen Sie nicht voran. Genau das entspricht der Situation von Herrn Fuchs.

Was wird er in dieser Situation tun? Vermutlich sich überlegen, wo die Ursache für diese Probleme ist. Liegt es an Frau Flick? Liegt es an ihm, dass er Situation nicht gewachsen ist? Liegt es am Geschäftsführer, der ihn zu wenig unterstützt?

Doch jetzt wechseln wir einmal die Perspektive und versetzen uns in die Situation von Frau Flick oder von Herrn Söllner, dem Geschäftsführer. Für Frau Flick ist vermutlich die Situation klar: Es liegt einzig und allein an Herrn Fuchs, der in seiner neuen Rolle plötzlich arrogant geworden ist und seine Macht ausspielt. Auch Herr Söllner wird die Ursache vermutlich in Herrn Fuchs sehen und sich überlegen, ob er möglicherweise den Falschen auf diese Position gesetzt hat.

Allen Überlegungen ist eines gemeinsam: Sie beruhen auf einem Ursache-Wirkungs-Denken, also auf der Annahme, dass es eine Ursache für diese Probleme gibt.

Dieses Ursache-Wirkungs-Denken hilft uns dabei, uns im Alltag zurechtzufinden. Wenn das Auto streikt, dann ist es hilfreich, nach der Ursache zu fragen: Ist die Batterie leer? Hat ein Marder die Leitungen angefressen? Ist es ein Defekt in der Elektronik? Vermutlich wird man (oder zumindest ein Experte) die Ursache herausfinden und das Auto reparieren.

Doch greift dieses Modell auch in komplexen Situationen wie in unserem Beispiel? Gibt es hier wirklich die eine Ursache, die ich nur herausfinden muss, um das Problem zu lösen?

Wenn wir die Situation von außen betrachten, dann wird vermutlich schnell deutlich, dass dieses einfache Ursache-Wirkungs-Denken hier zu kurz gegriffen ist. Stattdessen sind es mehrere Faktoren, die eine Rolle spielen. Sicher leistet Frau Flick ihren Beitrag dazu, indem sie immer wieder ihre Meinung nachdrücklich vertritt. Sicher hat auch Herr Fuchs seinen Anteil – sei es, dass er zu wenig Position bezieht und immer noch Kollege sein möchte, sei es, dass er von vornherein Frau Flick als Konkurrentin gesehen hat und sie auszugrenzen sucht. Und möglicherweise wirken sich noch ganz andere Faktoren aus: Unternehmensstruktur, Kultur der Organisation oder die Vorgeschichte (Frau Flick war früher einmal Führungskraft). – Genau das ist der Anstoß für systemisches Denken.

SYSTEMISCHES DENKEN

Systemisches Denken ist ein Denkmodell, das dazu dient, komplexe Situationen zu begreifen und in ihnen erfolgreich zu handeln.

Zentrale These ist, dass es in einem sozialen System nicht die eine Ursache gibt, sondern dass hier stets verschiedene Faktoren sich wechselseitig beeinflussen.

Doch was heißt das konkret? Um bei unserem Beispiel zu bleiben: Welche Faktoren beeinflussen sich im System von Herrn Fuchs wechselseitig?

PERSONEN ALS ELEMENTE SOZIALER SYSTEME: Dieser Faktor fällt unmittelbar ins Auge. Natürlich hat die Situation etwas mit Herrn Fuchs zu tun – wenn stattdessen eine neue Abteilungsleiterin von außen gekommen wäre, wäre die Situation eine andere. Möglicherweise hätte sie keine Probleme in der Startphase gehabt – oder andere. Sicherlich hat die Situation auch mit Frau Flick etwas zu tun, vermutlich ebenso mit dem Geschäftsführer. Und möglicherweise spielen weitere Personen eine Rolle.

SUBJEKTIVE DEUTUNGEN DER SITUATION: Aber es sind nicht nur die Personen an sich, sondern auch deren Gedanken und Empfindungen sind entscheidend. Frau Flick hält Herrn Fuchs für arrogant und ist der Meinung, dass sie besser für diese Position geeignet wäre. Sie ist wütend, dass er die Position bekommen hat. Herr Fuchs ist möglicherweise unsicher gegenüber Frau Flick, fühlt sich fortwährend angegriffen. Jeder sieht vermutlich den anderen als den Schuldigen. Die Situation ist also entscheidend davon beeinflusst, wie die beteiligten Personen die Situation »deuten«. Wir verwenden hierfür den Begriff »subjektive Deutung« wobei »subjektiv« darauf hinweist, dass es die einzelnen Personen (Subjekte) sind, die sich jeweils ein Bild von der

Wirklichkeit machen. Dabei geschieht diese Deutung der Wirklichkeit auf zwei Ebenen:

- Die *Kognitionen*, das heißt, die Gedanken, die sich eine Person zu dieser Situation macht. Man kann sich gut vorstellen, dass sich Herr Fuchs den Kopf darüber zerbricht, was hier los ist. Er versucht, sich die Situation zu erklären. Er möchte die Ursachen herausfinden und auf dieser Basis seine »Handlungsstrategie« festlegen – möglicherweise nimmt er sich vor, gegenüber Frau Flick härter aufzutreten und sich durchzusetzen. Entsprechend deuten die anderen Personen die Situation. Auch Frau Flick hat eine Erklärung für die Situation: Herr Fuchs ist schuld. Daher nimmt sie sich vor, sich »nichts gefallen zu lassen«.
- Die *Emotionen*, also die Empfindungen und Gefühle. Herr Fuchs fühlt sich unsicher gegenüber Frau Flick – während diese wütend ist. Jeder lässt den anderen seine Emotionen spüren.

Während man in der Verhaltenstheorie bis Ende des 20. Jahrhunderts überwiegend die Emotionen als Resultat der Gedanken ansah, wissen wir nun, dass Gedanken und Emotionen eher so etwas wie zwei unterschiedliche Signalsysteme sind. Beide helfen uns, uns in der Welt zurechtzufinden: Die Gedanken von Herr Fuchs sind die Basis für seine »Strategie«, aber auch die Gefühle sind »Botschaften«. Beispielsweise vermittelt das Gefühl der Unsicherheit die Botschaft: »Halt, nicht vorschnell handeln, nimm dir Zeit zum Überlegen!«

REGELKREISE ALS IMMER WIEDERKEHRENDE MUSTER: Vermutlich können Sie sich die Interaktion zwischen Herrn Fuchs und Frau Flick vorstellen. Herr Fuchs versucht, seine Position als Vorgesetzter zu behaupten, aber gleichzeitig Frau Flick nicht zu sehr anzugreifen – Frau Flick beharrt auf ihrer Position. Und dieses Muster wiederholt sich nahezu in jeder Besprechung und gleichermaßen in anderen Situationen.

Solche festgefahrenen Muster, die sich ständig wiederholen, nennt man in der Begrifflichkeit der Systemtheorie »Regelkreise«.

Regelkreise sind das wohl augenfälligste Merkmal sozialer Systeme. Hier wird der Unterschied zum linearen Ursache-Wirkungs-Denken deutlich: Jeder ist der Meinung, die Ursache zu kennen. Jeder sieht die Ursache im anderen.

Systemisch bedeutet demgegenüber, dass es nicht *die* Ursache gibt, sondern dass verschiedene Faktoren aufeinander wirken und sich wechselseitig verstärken beziehungsweise sich allgemein beeinflussen. Die Versuche von Herr Fuchs, seine Position zu behaupten, verstärken einerseits den Widerstand bei Frau Flick, während andererseits die Argumentationen von Frau Flick das Verhalten von Herrn Fuchs verstärken. Regelkreise haben häufig überhaupt keine erkennbare Ursache, sondern können aus Kleinigkeiten entstehen und sich allmählich steigern – oder sie resultieren aus Ereignissen, die lange Zeit zurückliegen, und den verschiedenen subjektiven Deutungen der Personen.

Man kann einen Regelkreis bildlich darstellen:

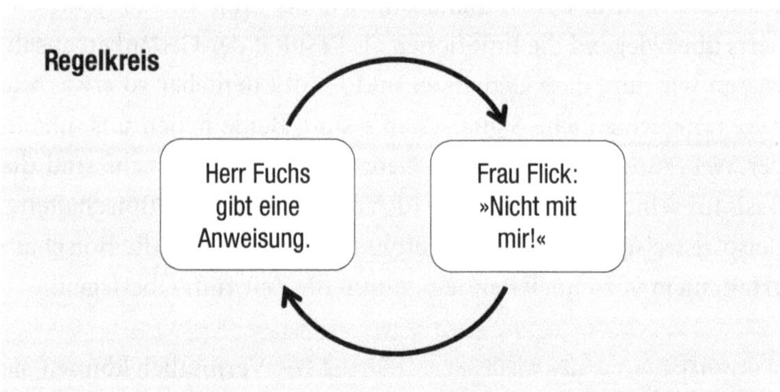

Die Interaktion als Regelkreis zu betrachten, bedeutet zugleich, dass jeder etwas dazu getan hat, dass es so geworden ist – und dass damit auch jeder etwas daran ändern kann.

SOZIALE REGELN: Regeln sind Anweisungen, die festlegen, was man in einem sozialen System tun soll, tun darf oder nicht tun darf. Die

Einhaltung von Regeln ist durch Sanktionen gestützt. Denken Sie an die Regeln des Straßenverkehrs – und die entsprechenden Sanktionen, die die Einhaltung dieser Regeln sichern sollen. Auch die Situation in unserem Beispiel ist von Regeln beeinflusst. Es existieren zum Beispiel Regeln der klassischen Abteilungsstruktur, wobei durch Arbeitsplatzbeschreibungen festgelegt wird, was der Einzelne zu tun hat – und wo vermutlich auch festgelegt ist, dass Herr Fuchs die Aufgabe hat, Frau Flick zu führen.

Neben diesen »offiziellen« Regeln, die in Gesetzen, Arbeitsplatzbeschreibungen, Erlassen und dergleichen kodiert sind, gibt es aber in jedem System zudem geheime Regeln, die nicht offiziell festgelegt sind, möglicherweise sogar im Gegensatz zu offiziellen Regeln stehen, aber trotzdem Geltung besitzen und deren Einhaltung durch Sanktionen abgesichert wird. Möglicherweise gibt es in der Abteilung eine ungeschriebene Regel, dass man »rücksichtsvoll« miteinander umgeht und Probleme »unter den Tisch gekehrt werden« – was dazu führt, dass Herr Fuchs und Frau Flick zwar in Diskussionen aneinandergeraten, aber die Probleme in keinem gemeinsamen Gespräch angegangen werden.

SYSTEMGRENZEN UND UMWELT: Jedes soziale System ist durch eine Systemgrenze von anderen sozialen Systemen abgetrennt. So gibt es eine Systemgrenze zwischen Vorgesetzten und Mitarbeitern, aber auch zwischen der Geschäftsführung und der Abteilung. Systemgrenzen sind durch Regeln definiert, die festlegen, was von außen hineinkommen oder was nach außen gegeben werden kann. Denken Sie an die Systemgrenzen zwischen Führung und Mitarbeitenden: Was darf im Team allein entschieden werden? Wo ist die Zustimmung des Vorgesetzten erforderlich? Darf die übergeordnete Vorgesetzte direkt auf Mitarbeiter zugehen – oder muss das über den Vorgesetzten laufen?

Je nach den jeweiligen Regeln können Systemgrenzen mehr oder weniger durchlässig sein. Vielleicht kennen Sie Teams, die sich massiv gegeneinander abschotten, die Systemgrenze ist geschlossen.

Oder eine Bereichsleiterin geht immer wieder unter Umgehung des Abteilungsleiters auf Mitarbeiter zu, dann fehlt hier eine klare Abgrenzung. Systemgrenzen können auch diffus sein: Es ist völlig unklar, was im Team entschieden wird und wo der Vorgesetzte einzubeziehen ist.

Bei unserem Beispiel lässt sich vermuten, dass die Systemgrenze zwischen Vorgesetztem und Team zumindest diffus ist und möglicherweise unterschiedliche Vorstellungen bestehen. Frau Flick versucht, sich von ihrem Vorgesetzten so weit als möglich abzugrenzen, indem sie sich nichts sagen lässt. Herr Fuchs sieht sich vielleicht weiterhin als Teil des Teams. Möglicherweise ist ihm nicht klar, dass durch den Wechsel in die Führungsposition jetzt zwangsläufig eine Systemgrenze zwischen Team und Vorgesetztem entsteht, wobei die Regeln, was kann das Team (was kann Frau Flick) allein entscheiden, was muss gemeinsam abgestimmt werden, bislang strittig sind.

Systemumwelt ist damit zum einen die soziale Umwelt, wie zum Beispiel andere Teams, die Vorgesetzten, die Geschäftsführung, Schüler und Eltern für ein Lehrerteam oder Patienten in einem Krankenhaus. Dabei gibt es keine allgemeingültigen Kriterien, was man als System und was als Umwelt betrachtet. Es mag sinnvoll sein, ein Schulleitungsteam als System zu betrachten und die Systemgrenze zum weiteren Kollegium zu thematisieren. Es wird aber genauso sinnvoll sein, das Kollegium insgesamt als System zu verstehen, wenn es um die Beziehungen etwa zu anderen Trägern einer Bildungsregion geht. Was wir jeweils als System und was als Umwelt betrachten, hängt von der jeweiligen Fragestellung ab.

Systemumwelt können darüber hinaus gesetzliche Vorgaben, Betriebsvereinbarungen, Erlasse des Ministeriums oder Ähnliches sein. Auch solche Vorgaben sind Regeln, die sich aber meistens nicht beliebig verändern lassen. Offen ist aber dabei, wie jemand damit umgeht: Die Vorgaben als absolut verpflichtend wahrnehmen, den Spielraum ausweiten, darauf hinwirken, dass bestimmte Vorgaben abgeändert werden?

Systemumwelt ist zudem die technische Umwelt: ein spezielles Computerprogramm, die Technik, auch die örtliche Situation, die Einrichtung des Büros: Hat jeder sein eigenes Büro, in dem er oder sie sich abschotten kann? Oder gibt es ein Großraumbüro oder überhaupt nur noch flexible Arbeitsplätze? Gibt es Heimarbeitsplätze? Auch das sind Faktoren, die ein soziales System beeinflussen.

ENTWICKLUNG SOZIALER SYSTEME: Jedes soziale System hat einen Anfang und ein Ende. Mit dem Wechsel von Herrn Fuchs in die Position des Abteilungsleiters ist ein neues soziales System entstanden, das sich neu zusammenfinden muss – und anzunehmen, es liefe alles so weiter wie bisher, ist ein häufiger Fehler.

Jedes System hat eine Vorgeschichte, die in die Gegenwart hineinwirkt: Die Situation von Herrn Fuchs ist beispielsweise gekennzeichnet von der Vorgeschichte, dass Frau Flick früher selbst einmal Führungskraft war, es aber nicht mehr ist, oder davon, dass Herr Fuchs früher selbst Mitglied im Team war. Möglicherweise ist es hilfreich, diese Vorgeschichte (im Team, mit Frau Flick) zu reflektieren und bewusst zu machen, was jeder aus der Vergangenheit mitträgt. Und Herr Fuchs muss sich überlegen, wie er die weitere Entwicklung in seiner Abteilung vorantreibt: Soll er es erst einmal laufen lassen? Soll er das Thema mit Frau Flick allein klären? Oder soll er seine neue Rolle im Team thematisieren?

Zusammenfassend lässt sich festhalten: In komplexen sozialen Situationen wie in unserem Beispiel gibt es nicht *die* eine Ursache, sondern es spielen zahlreiche Faktoren ineinander. Systemisches Denken bedeutet, den Blick auszuweiten auf die verschiedenen Faktoren des sozialen Systems, zu schauen, welchen Einfluss sie jeweils haben und wo sich Ansatzpunkte für eine Veränderung ergeben. Auf unser Beispiel angewandt hat Herr Fuchs eine ganze Reihe von Ansatzpunkten:

- Er kann Nähe und Distanz zu anderen Personen (zum Beispiel zu Frau Flick) verändern. Er könnte versuchen, einen Wechsel zu erreichen – sei es, dass Frau Flick in eine andere Abteilung geht, sei es, dass er selbst versucht, sich in einen anderen Bereich versetzen zu lassen.

- Er kann seine Aufmerksamkeit auf die subjektiven Deutungen, also die Gedanken und Empfindungen richten – sei es, dass er seine eigenen Annahmen überprüft und möglicherweise erkennt, dass seine Befürchtungen überzogen sind. Dann kann er gelassener mit der Situation umgehen. Er kann sich überlegen, was Frau Flick braucht, um mit der Situation anders umzugehen. Oder beide können ihre Gedanken und Empfindungen transparent machen und gegebenenfalls korrigieren.
- Er kann versuchen, hinderliche Regelkreise zu unterbrechen.
- Er kann sich die in seinem System geltenden offiziellen und geheimen Regeln bewusst machen und überlegen, ob hier Änderungen möglich sind.
- Aber auch: Er kann sich bewusst machen, dass jetzt – trotz aller Nähe zu ehemaligen Kollegen – eine Systemgrenze zwischen ihm und seinem Team besteht und bestehen muss. Er kann versuchen, diese Systemgrenze (zum Beispiel in einem Teamworkshop oder in Einzelgesprächen) zu klären und klare Vereinbarungen treffen.
- Schließlich: Er kann sich die Vorgeschichte bewusst machen – oder sie zusammen mit Frau Flick thematisieren: erkennen, dass gegenwärtige Probleme ihre Ursache in der Vergangenheit haben. Und er wird sich überlegen, wie schnell er vorgeht: Soll er es erst laufen lassen – oder das Thema sofort angehen?

Systemisches Denken, so das Ergebnis, bedeutet, sich von dem klassischen Ursache-Wirkungs-Denken zu lösen und »über den Tellerrand« auf das soziale System zu schauen. Das heißt, zu fragen, welche Faktoren des sozialen Systems zu der gegenwärtigen Situation, den gegenwärtigen Problemen, beigetragen haben und welche Faktoren sich verändern lassen. Hier nochmals als Übersicht:

SYSTEMISCHE DIAGNOSE UND INTERVENTION AUF VERSCHIEDENEN EBENEN		
	DIAGNOSE DES SOZIALEN SYSTEMS	SYSTEMISCHE INTERVENTIONEN
Personen	• Wer sind die relevanten Personen?	• Veränderung von Nähe und Distanz • Wechsel von Personen
Subjektive Deutungen	• Was sind ihre (kognitiven und emotionalen) subjektiven Deutungen?	• Veränderung subjektiver Deutungen
Soziale Regeln	• Welche sozialen Regeln bestehen?	• Veränderung sozialer Regeln
Regelkreise	• Welche Regelkreise bestehen?	• Unterbrechung hinderlicher Regelkreise
Umwelt und Grenzen	• Welche Bedeutung hat die (soziale oder materielle) Systemumwelt? • Wie ist die Grenze zu anderen sozialen Systemen?	• Veränderung der materiellen Umwelt • Veränderung der Grenze zur sozialen Umwelt

Anregung zur Weiterarbeit: Um den eigenen systemischen Blick zu schärfen, können Sie folgende Übung durchführen: Nehmen Sie sich Ihr Team oder eine Organisation, mit der Sie arbeiten, als Beispiel und betrachten Sie anhand dieses Beispiels die Systemfaktoren:

- Wer sind die Personen, die eine Rolle spielen?
- Was sind deren subjektive Deutungen?
- Was die Regeln und Regelkreise, was die Systemumwelt, und wie hat sich dieses System entwickelt?

Sie schulen damit Ihren systemischen Blick.

LITERATURTIPP

Hier einige Hinweise aus unterschiedlichen Konzepten

- Groth, T. (2017): 66 Gebote systemischen Denkens und Handelns in Management und Beratung. 2. Auflage. Heidelberg: Carl-Auer
- König, E./Volmer, G (2020): Einführung in das systemische Denken und Handeln. 2. Auflage. Weinheim, Basel: Beltz
- O'Connor, J./MacDermott, I. (2006): Die Lösung lauert überall. 4. Auflage. Kirchzarten bei Freiburg: VAK

Systemisches Coaching

BEISPIEL: COACHING: WAS IST DAS?

Gehen wir zurück zu unserem Eingangsbeispiel: Herr Fuchs fragt die Personalleiterin, was er in dieser Situation tun kann. Diese schlägt ein Coaching vor.

Herr Fuchs lässt sich darauf ein. Doch was da auf ihn zukommt, ist ihm unklar. Er hat zwar den Begriff »Coaching« gehört, doch was ist das genau? Das klingt so ähnlich wie Couch – ist das so etwas Ähnliches wie Therapie? Allerdings weiß er, dass sich einige andere Führungskräfte coachen lassen.

Vielleicht kennen Sie diese Situation: Sie werden gefragt, was Coaching ist. Als erste Orientierung drei Definitionen:

DEFINITIONEN VON COACHING

- »Coaching setzt das Potenzial der Menschen frei, um ihre Performance zu maximieren. Das Ziel des Coachings ist es, ihnen zu helfen zu lernen, anstatt ihnen etwas beizubringen« (Timothy Gallwey 1972, zitiert nach Whitmore 2015, S. 14).
- »Coaching ist die professionelle Beratung, Begleitung und Unterstützung von Personen mit Führungs-/Steuerungsfunktionen und von Experten in Unternehmen/Organisationen« (Deutscher Bundesverband Coaching DBVC 2010, S. 19).
- »Coaching ist personenzentrierte Beratung im beruflichen Kontext, mit der Zielsetzung, andere Menschen zu unterstützen, die Situation aus einer neuen Perspektive zu sehen und selbst neue Lösungen zu finden« (König/Volmer 2019, S. 15).

Letztlich zielen alle Definitionen in die gleiche Richtung. Verdeutlichen wir es am Beispiel von Herrn Fuchs: Was Herr Fuchs benötigt, ist Unterstützung. Möglicherweise will er konkrete Vorschläge, wie er vorgehen soll. Möglicherweise fände er es auch gut, jemanden zu haben, der ihm die Arbeit abnimmt, der dem Team signalisiert, dass er jetzt der neue Vorgesetzte ist. Doch das wäre zu kurz gegriffen: Es nützt Herrn Fuchs nichts, wenn jemand anderes ihm die Arbeit abnimmt – er muss selbst das Problem lösen. Es ist nicht damit getan, dass jemand anderes ihm sagt, er müsse härter durchgreifen. Auch das ist in der Regel wenig zielführend. Vermutlich kennen Sie solche Situationen: Sie geben einem anderen einen gut gemeinten Ratschlag und bekommen zu hören, dass der oder die Betreffende das schon versucht hat oder es ohnehin nicht geht.

Coaching bedeutet nicht, jemandem die Arbeit abzunehmen oder für ihn das Problem zu lösen. Sondern Coaching ist »Hilfe zur Selbsthilfe«: jemanden zu unterstützen, selbst das Problem zu lösen. Dabei kann die Unterstützung auf unterschiedliche Weise geschehen:

- Der Coach kann Fragen stellen und Herrn Fuchs dadurch unterstützen, die Situation für sich zu klären: Was hat zu dieser Situation geführt? Hat Herr Fuchs sich zu sehr um die Inhalte gekümmert und dabei vernachlässigt, dass es sich jetzt um ein anderes soziales System handelt? Ist er sich über seine Rolle nicht klar? Will Frau Flick sich rächen, dass sie die Stelle nicht bekommen hat? Liegt es auch an der im Team geltenden Regel, dass jeder das machen darf, was er will? Gibt es weitere Faktoren, die relevant sind?
- Auf der anderen Seite kann ein Coach durchaus Anregungen geben und Ideen einbringen. Übrigens ist das ein Thema, das lange Zeit im Coaching umstritten war. Aber es ist durchaus hilfreich, wenn Sie als Coach Anregungen geben.
- Aber – und das ist der entscheidende dritte Punkt: Coaching nimmt dem Coachee die Entscheidung nicht ab. Letztlich kennt

nur er die Situation und er kennt vor allem sich und kann herausfinden, welche Lösung für ihn und für die Situation passt.

Coaching, so lässt sich zusammenfassen, ist eine Form von Beratung, bei der es darum geht, eine andere Person zu unterstützen, die Situation für sich zu klären, möglicherweise Aspekte wahrzunehmen, die sie bislang nicht berücksichtigt hat, und auf dieser Basis Lösungen zu entwickeln.

Ein Aspekt ist uns in diesem Zusammenhang zudem wichtig: Das Beispiel könnte darauf hindeuten, dass es bei Coaching nur um die Lösung von Problemen geht – eine Auffassung, die wir in der Praxis immer wieder zu hören bekommen: »Ich brauche kein Coaching, denn ich habe keine Probleme.« Doch das wäre ein zu enges Verständnis. Coaching kann zum Beispiel für Herrn Fuchs auch hilfreich sein, wenn er bereits einen festen Plan hat, wie er vorgehen möchte, aber im Coaching nochmals abklären möchte, ob er möglicherweise dabei irgendwelche Aspekte außer Acht gelassen hat. Oder eine Referendarin kann sich coachen lassen, wenn sie Probleme mit ihrer Ausbilderin oder in einer Klasse hat – aber es ist ebenso hilfreich, wenn sie keine Probleme hat: als Standortbestimmung, wo ihre Stärken und mögliche blinde Flecke sind, was sie tun kann, um ihre Stärken gezielt zu nutzen, sie weiter auszubauen und mögliche Schwachstellen zu bearbeiten. Coaching ist, so lässt sich allgemein formulieren, nicht »problemorientiert«, sondern »entwicklungsorientiert«: Es geht generell darum, Menschen in ihrer Entwicklung zu unterstützen.

MERKMALE VON COACHING

- *Coaching ist Beratung:* Beratung in dem Sinne, dass ein Coach dem Coachee die Entscheidung nicht abnimmt, sondern ihn oder sie unterstützt, die Situation für sich zu klären und Lösungen zu finden.

- *Gegenstand von Coaching sind berufliche Themen* – womit sich Coaching zum Beispiel von Ehe- oder Paarberatung abgrenzt. Sicherlich ist die Grenze fließend – so können Probleme in der Partnerschaft in den Beruf hineinwirken und dann bis zu einem gewissen Grad thematisiert werden.
- *Coaching ist etwas anderes als Therapie:* Therapie ist die Behandlung von »Störungen mit Krankheitswert«. Coachees sind nicht krank, sondern im Besitz ihrer Fähigkeiten, selbst das Leben zu bewältigen.
- *Coaching kann »Prozess-« oder »Expertenberatung« sein:*
  - Prozessberatung in dem Sinne, dass der Coachee zum Beispiel durch Fragen des Coachs oder aktives Zuhören unterstützt wird, die Situation für sich zu klären und neue Lösungen zu finden.
  - Expertenberatung in dem Sinne, dass der Coach oder ein anderer Experte (oder wer auch immer) Ideen und Anregungen einbringen.
- *Der Coachee entscheidet:* Aber Coaching – und das ist das Entscheidende – überlässt dem Coachee die Entscheidung.
- Schließlich: *Coaching ist professionelles Handeln.* Es ist kein irgendwie miteinander Reden, sondern ist professionelles Handeln geleitet von bestimmten Werten und Methoden.

Doch was bedeutet »systemisches Coaching«? Hier können wir an den Abschnitt über systemisches Denken anknüpfen: Systemisches Coaching bei Herrn Fuchs bedeutet, die Aufmerksamkeit auf das soziale System zu richten. Das heißt, ihn dabei zu unterstützen, sich über Folgendes klar zu werden:

- Welche Personen spielen hier eine Rolle?
- Welche subjektiven Deutungen (Gedanken und Empfindungen) anderer Personen, aber auch die eigenen, beeinflussen diese Situation?

- Gibt es Regelkreise, in denen er sich verfangen hat?
- Welche sozialen Regeln beeinflussen die Situation?
- Wie ist die Systemgrenze zwischen Vorgesetztem und Team beschaffen?
- Welche weiteren Systemgrenzen gilt es zu beachten?
- Welche Bedeutung hat die materielle Umwelt?
- Wie schaut die Vorgeschichte aus und inwieweit beeinflusst sie die gegenwärtige Situation?

Der Blick auf das soziale System eröffnet für Herrn Fuchs neue Handlungsmöglichkeiten.

SYSTEMISCHES COACHING

Systemisches Coaching bedeutet, eine andere Person zu unterstützen,
- die Situation aus der Perspektive des sozialen Systems zu betrachten,
- auf dieser Basis neue Handlungsmöglichkeiten zu entwickeln und
- sich selbst weiterzuentwickeln.

LITERATURTIPPS

Es gibt mittlerweile eine Reihe unterschiedlicher Konzepte zur systemischen Beratung und systemischem Coaching. Exemplarisch seien genannt:
- König, E./Volmer, G. (2018): Handbuch Systemische Organisationsberatung. 3. Auflage. Weinheim und Basel: Beltz
- Radatz, S. (2015): Beratung ohne Ratschlag. Systemisches Coaching für Führungskräfte und BeraterInnen. 9. Auflage. Wien: Systemisches Management

- Schlippe, A. v./Schweitzer, J. (2019): Systemische Interventionen. 4. Auflage. Stuttgart: UTB
- Schwing, R./Fryszer, A. (2018): Systemisches Handwerk: Werkzeug für die Praxis. 9. Auflage. Göttingen: Vandenhoeck & Ruprecht

Menschenbild und Haltung als Grundlage

BEISPIEL: SYSTEMISCHES COACHING – WORAUF KOMMT ES AN?

Susanne Gerner bereitet sich auf ein Coaching mit Herrn Bremer, dem Verwaltungsleiter der Bergklinik vor. Herr Bremer, den sie von früher kennt, hat Probleme mit seinen beiden Teamleitern und fragt nach Unterstützung.

Susanne Gerner überlegt sich, wie sie vorgehen soll. Soll sie erst einmal herausfinden, worum es überhaupt geht? Damit sie die Situation besser verstehen kann. Oder soll sie sich schon bestimmte Methoden oder Fragen zurechtlegen?

Vielleicht überlegen Sie selbst: Worauf richten Sie im Coachinggespräch Ihre Aufmerksamkeit? Was ist zunächst wichtiger: die Situation verstehen oder bereits bestimmte Fragen überlegen?

Beides liegt nahe. Wir versuchen erst einmal, die Situation zu verstehen. Und auf der anderen Seite suggerieren zahlreiche Methoden- und Fragenbücher zum Coaching, dass Coaching ausschließlich darin besteht, die richtigen Fragen zu stellen. Beide Ansätze sind risikoreich: Wenn Sie sich eine Situation von ihrem Coachee erklären lassen, wird er Sie vermutlich mit einer Fülle von Informationen überschütten. Aber Sie haben keine Chance, die Situation vollständig zu verstehen. Darüber hinaus verändern Ihre Fragen das Gespräch: Ihr Coachee versucht, Ihnen das zu erklären, was er ohnehin schon weiß. Damit ist er nicht bei seinem Anliegen, das er lösen möchte. Er gewinnt durch das Erklären in der Regel wenig neue Erkenntnisse. Und Sie als Coach lenken Ihre Aufmerksamkeit auf den Inhalt – und sind möglicherweise eben dadurch nicht mehr »bei Ihrem Coachee«. – Wir kennen das aus unseren Coachingausbildungen: Eine der größten Herausforderungen ist, hier loszulassen und nicht zu versuchen, alles zu verstehen.

Unser Tipp: Versuchen Sie nicht, die Situation vollständig zu verstehen. Ihre Aufgabe ist, Ihren Coachee dabei zu unterstützen, dass er oder sie selbst die Situation besser versteht.

Im zweiten Fall besteht das Risiko darin, dass man Coaching nur noch als Anwendung von Methoden versteht. Aber auch das ist keine Lösung. Vielleicht haben Sie selbst es schon erlebt: Sie konzentrieren sich auf die Methode und verlieren den Kontakt zu Ihrem Coachee. Und in einem anderen Coaching folgen Sie Ihrem Gefühl, und das Coaching läuft gleichsam von sich selbst.

Grundlegend ist, dass Sie vom Thema so viel verstehen sollten, dass Sie nicht mit Unverständnis die Schultern zucken, wenn Ihr Coachee von der Wertschöpfungskette spricht. Sie brauchen zweifelsohne auch Methoden, zum Beispiel gute Fragen, mit deren Hilfe Sie den Coachingprozess strukturieren, oder das Wissen, wie Sie im Coaching eine Vision erarbeiten können. Doch dabei fehlt immer noch eines: Es ist Ihre Persönlichkeit, Ihr »Menschenbild«, Ihre Haltung, die entscheidende Erfolgsfaktoren sind. Vermutlich haben Sie selbst schon die Erfahrung gemacht: Sie spüren, ob hier jemand an Ihnen wirklich als Person interessiert ist und Sie unterstützen will – oder ob er lediglich irgendwelche Methoden anwendet und möglicherweise überhaupt nicht bei Ihnen ist.

Erst auf dieser Basis machen Methoden überhaupt erst Sinn. Sie sind wichtig und hilfreich – aber ohne eine Fundierung in einem »Menschenbild« wertlos.

Doch was heißt eigentlich »Menschenbild«? Was ist Ihre Vorstellung vom Menschen? Sind Sie der Meinung, dass Menschen durch bestimmte Eigenschaften in ihrem Verhalten festgelegt sind? Oder sind Sie der Ansicht, dass Menschen sich entwickeln können? Meinen Sie, dass Menschen gesteuert und geführt werden müssen, um Leistungen zu bringen?

Was hinter diesen verschiedenen Auffassungen steht, sind letztlich unterschiedliche »Menschenbilder«. Menschenbilder sind Modelle, die menschliches Verhalten erklären. So kann ich menschliches Verhalten aus relativ stabilen Eigenschaften (Traits) erklären. Ein anderes Menschenbild, das des Behaviorismus, geht von der These aus, dass Menschen zu Leistungen konditioniert werden müssen. Ein Vorgesetzter, der das Trait-Menschenbild zugrunde legt, wird wenig Gewicht auf Personalentwicklung legen, sondern eher den Fokus darauf richten, die passenden Mitarbeiter zu finden. Das behavioristische Menschenbild legt das Schwergewicht auf Konditionierung, Training, Verstärkung durch Incentives. Vielleicht kennen Sie die X-Y-Theorie von McGregor (1982, ursprünglich 1960), die im Zusammenhang mit agilen Arbeitsformen wieder aktuell geworden ist: Die Theorie X beschreibt das Menschenbild einer Person, die konditioniert und gesteuert werden muss, Theorie Y das Menschenbild einer Person, die von sich aus engagiert und motiviert ist und sich von sich aus weiterentwickelt.

Weder in einem Menschenbild, in dem menschliches Verhalten als weitgehend festgelegt gilt, noch in einem Menschenbild, demzufolge Menschen gesteuert und konditioniert werden müssen, macht Coaching viel Sinn. Wenn Menschen in ihrem Verhalten festgelegt sind, kann Coaching nicht viel ändern. Wenn Menschen konditioniert werden müssen, dann sind Lob oder Bestrafung, Incentives, Trainings wirkungsvoller.

Coaching setzt somit ein Menschenbild voraus, demzufolge sich Menschen von selbst entwickeln können. Die Entwicklung kann unterstützt werden – ohne dass sie technisch steuerbar ist. Ein solches Menschenbild ist das Menschenbild der Humanistischen Psychologie, wie es von Carl Rogers, Abraham Maslow und anderen entwickelt wurde, und wie es sich in der Theorie Y von McGregor wiederfindet. Es ist durch folgende Hauptthesen gekennzeichnet:

HUMANISTISCHES MENSCHENBILD IN DER TRADITION VON CARL ROGERS

- Menschen können sich entwickeln in Richtung größerer Autonomie und Selbstständigkeit. Sie sind von sich aus in der Lage, neue Einsichten und Lösungen zu entwickeln.
- Entwicklung wird angestoßen durch Selbstkonzept und Erfahrung. Selbstkonzept ist das Bild, das ich mir von mir selbst mache. Erfahrungen kommen von außen. So kann ich von mir das Bild haben, dass ich eine erfolgreiche Führungskraft, eine erfolgreiche Lehrerin, ein erfolgreicher Student bin – und mache dann die Erfahrung, dass ich in einer schwierigen Situation scheitere, eine Prüfung nicht schaffe. Dieser Widerspruch zwischen Selbstkonzept und Erfahrung gibt den Anstoß zur Weiterentwicklung: Ich mache mir Gedanken, woran es liegt, dass ich diese Situation nicht so wie erhofft bewältigt habe, mir werden neue Aspekte bewusst, ich finde möglicherweise andere Lösungen.
- In vielen Situationen schaffe ich es selbst, Selbstkonzept und Erfahrung wieder auszugleichen, aber nicht immer. Und in diesen Situationen ist Coaching hilfreich: eine Person, die mich dabei unterstützt, Erfahrungen zu reflektieren, die Situation aus einer anderen Perspektive zu betrachten, die mir möglicherweise von außen Hinweise gibt.
- Entwicklung wird unterstützt durch die Grundhaltungen Wertschätzung, Empathie und Authentizität. Wertschätzung hilft, Erfahrungen zu verarbeiten. Empathie bedeutet, die emotionalen Signale des anderen aufzunehmen. Authentizität oder – wie Carl Rogers formuliert – Kongruenz bedeuten, das zu sagen und zu tun, zu dem ich stehen kann.

Dieses Menschenbild beschreibt für uns die Grundlagen von Coaching. Die zentrale These lautet: Coaching ist keine bloße Technik, sondern basiert auf einem Menschenbild und den daraus resultierenden Grundhaltungen:

- Coaching setzt voraus zu akzeptieren, dass der Coachee autonom ist. Das heißt, dass er entscheiden kann, was für ihn die richtige Lösung ist. Das zu akzeptieren ist gerade für Anfänger schwierig (wir kennen das aus unseren Coachingausbildungen). Allzu leicht meinen wir, wir wüssten das »eigentliche« Problem des Coachees oder die »richtige« Lösung. Doch Stopp: Damit verletzen wir die Autonomie des Coachees.
- Coaching setzt voraus zu akzeptieren, dass der Coachee sich selbst entwickeln kann und die Fähigkeiten hat, neue Lösungen zu finden. Auch das ist für Coaches bisweilen schwierig. Aber: Nicht Sie als Coach müssen ihm oder ihr die richtige Lösung verkaufen, sondern Sie können darauf vertrauen, dass er oder sie die passende Lösung findet. Wir erleben das in unseren Coachingprozessen immer wieder: Wir haben zu Beginn des Gesprächs keine Idee, welche Lösung für den Coachee passt – und wir verzichten bewusst darauf, uns darüber den Kopf zu zerbrechen. Wir vertrauen darauf, dass im Prozess dem Coachee die passende Lösung bewusst wird.
- Coaching erfordert Wertschätzung. Wertschätzung bedeutet nicht, jedes Verhalten des Coachees »gut« zu finden. Sondern Wertschätzung bedeutet, den anderen als Person zu akzeptieren, sich auf ihn zu konzentrieren, auf ihn einzustellen, sich bewusst zu machen: In diesem Moment ist mein Gegenüber die wichtigste Person auf der Welt.
- Coaching erfordert Empathie. Empathie ist nicht Mitgefühl im Sinne des Mitleidens. Empathie bedeutet, die Empfindungen des anderen wahrzunehmen und ihn zu unterstützen, sich ihrer bewusst zu werden. Empathie bedeutet damit, sensibel zu sein für die emotionalen Signale des anderen.

- Schließlich: Coaching erfordert zugleich professionelle Distanz. Stellen Sie sich vor, Ihr Coachee wurde ungerechtfertigter Weise gekündigt und bricht in Tränen aus. Wenn Sie als Coach von diesem Schicksal so ergriffen sind, dass Sie ebenfalls fast in Tränen ausbrechen möchten, können Sie nicht mehr coachen. Sie können vielleicht Mitgefühl zeigen (auch das ist hilfreich), aber Sie können Ihren Coachee nicht unterstützen, diese Situation für sich zu verarbeiten und zu bewältigen.

Diese Überlegungen lassen sich folgendermaßen zusammenfassen: Coaching beginnt nicht damit, dass man sich Gedanken über das Thema oder das Vorgehen im Coachinggespräch macht. Coaching beginnt bei Ihnen persönlich: sich als Coach das eigene Menschenbild und die daraus resultierende Haltung zu verdeutlichen.

LITERATURTIPPS

Als Einführung zum Thema Menschenbild sei genannt:

- Rollka, B./Schultz, F. (2011): Kommunikationsinstrument Menschenbild. Wiesbaden: VS Verlag für Sozialwissenschaften

Zum humanistischen Menschenbild:

- Hutterer, R. (1998): Das Paradigma der Humanistischen Psychologie. Berlin: Springer

Als Einführungen in das Menschenbild von Rogers und Satir:

- Rogers, C./Schmid, P. F (2004): Person-zentriert. 4. Auflage. Ostfildern: Grunewald
- Satir V./Baldwin, M. (2004): Familientherapie in Aktion. 6. Auflage. Paderborn: Junfermann

Die Struktur des Coachinggesprächs – GROW und »starke Fragen«

Menschenbild und Haltung, so hatten wir im letzten Kapitel festgestellt, sind die Grundlage des systemischen Coachings. Zugleich ist Coaching stets methodisch geleitetes Vorgehen. Aber genau in dieser Reihenfolge. Auf der Basis der entsprechenden Coachinghaltung ist es hilfreich, zu überlegen, wie Sie als Coach vorgehen, welche guten oder »starken« Fragen Sie einsetzen und welche Methoden Sie möglicherweise anwenden können.

BEISPIEL: WIR MÜSSEN MITEINANDER REDEN

Simone Stulper, interner Coach im Klinikum, sitzt in ihrem Büro und hat sich vorgenommen, dringende Telefonate zu führen. Plötzlich geht die Tür auf und Herr Wiese kommt in das Büro gestürmt. Er bleibt vor ihrem Tisch stehen und fängt sofort zu reden an: »Gerade hat mich Frau Müller wieder angerufen. Stundenlang erzählt die mir was am Telefon und stellt Forderungen auf, ich komme gar nicht zu meiner Arbeit, jetzt bin ich schon wieder total hintendran. Ich brauche da mal eine Idee.«

Herr Wiese ist ganz aufgeregt und redet ohne Punkt und Komma. Frau Stulper ist nach kurzer Zeit ganz durcheinander: Worum geht es hier überhaupt? Offenbar gibt es ein Problem, aber welches genau? Was will Herr Wiese? Was will er von ihr?

Solche Situationen kommen im Coaching häufiger vor: Ihr Coachee ist ganz aufgelöst und redet ohne Punkt und Komma. Es geht um ein Problem, doch ist unklar, worum es genau geht, was Ihr Gegenüber von Ihnen will: Will er einen Ratschlag, will er, dass Sie mit Frau

Müller reden, braucht er letztlich nur einen »Mülleimer«, dem er sein Leid klagen will? Was hier fehlt, ist eine Gesprächsstruktur. Das ist Ihre Aufgabe als Coach: Ihrem Coachee eine Gesprächsstruktur an die Hand zu geben, die ihm hilft, sein Problem zu lösen.

Unser Tipp: Coaching bedeutet, dem Denken eine Struktur zu geben: Ihren Coachee dabei zu unterstützen, sein Thema zielgerichtet zu bearbeiten, ist eine der wichtigen Aufgaben, die Sie als Coach haben.

Eine Struktur, die sich hier anbietet, ist die Struktur des Problemlösungsprozesses, wie sie seit den 1930er-Jahren in der Problemlösungspsychologie entwickelt wurde. Um ein Anliegen zu lösen, sind grundsätzlich vier Fragen zu beantworten:

- Was ist das Ziel?
- Wie ist die Ausgangssituation?
- Welche Lösungsmöglichkeiten gibt es?
- Wie gehe ich konkret vor?

Das Beispiel verdeutlicht, dass Unklarheiten bei allen vier Fragen auftreten können:

- *Thema und Ziel sind unklar:* Worum geht es überhaupt? Was genau möchte Herr Wiese von Frau Stulper? Was ist sein Ziel? Was erwartet er?
- *Die Ausgangssituation ist unklar:* Im Beispiel ist ungeklärt, wo überhaupt das Problem liegt: Ist es das Telefonat und die Forderungen von Frau Müller? Ist es der Zeitfaktor und das Gefühl, dass Herr Wiese gar nicht zu seinen Aufgaben kommt? Oder steckt etwas ganz anderes dahinter?
- *Unklarheit über die Möglichkeiten, das Problem zu lösen:* Wenn die Ausgangssituation und das Ziel geklärt sind, welche Möglichkeiten gibt es denn dann, das Ziel zu erreichen? Was sind Vor- beziehungsweise Nachteile?

- *Unklarheit über das konkrete Vorgehen:* Jemand schwankt zwischen verschiedenen Handlungsmöglichkeiten, aber kann sich nicht entscheiden. Was ist jetzt das Ergebnis? Was sind die nächsten Schritte?

Angewandt auf Coaching (beziehungsweise auf Problemlösungsgespräche überhaupt) ergibt sich daraus eine Struktur mit vier Phasen:

- *Orientierungsphase:* Worum geht es und was ist das Ziel des Gesprächs?
- *Klärungsphase:* Wie ist die Situation? Wo liegt das Problem?
- *Lösungsphase:* Welche Möglichkeiten bieten sich?
- *Abschlussphase:* Was ist das Ergebnis, und was sind die nächsten Schritte?

John Whitmore, ursprünglich Rennfahrer, dann Sachbuchautor und Coach, hat dafür eine eingängige Formel entwickelt: GROW: Goal (Orientierungsphase), Reality (Klärungsphase), Options (Lösungsphase) und What next beziehungsweise Will (Abschlussphase). Genau diese Struktur legen wir unseren Coachinggesprächen zugrunde:

GOAL (ORIENTIERUNGSPHASE): Die Orientierungsphase hat zwei Ebenen: die »Definition der Situation« als Grundlage für das Coachinggespräch mit der jeweiligen Rollenklärung und dann die inhaltliche Ebene mit der Festlegung von Thema und Ziel. Bei unserem Beispiel hapert es auf beiden Ebenen. Zum einen ist unklar, ob es sich hier überhaupt um ein Coachinggespräch handelt: Möchte Herr Wiese einfach nur seinen Frust loswerden? Möchte er von Frau Stulper eine Lösung präsentiert bekommen? Möchte er von Frau Stulper unterstützt werden, selbst einen Lösungsweg zu finden?

Die »Definition der Situation« beginnt beim Coach selbst. Daraus ergeben sich folgende Aufgaben:

CHECKLISTE DEFINITION DER SITUATION ALS COACHING

- ✓ *Sich der eigenen Haltung als Coach bewusst werden:* Coaching bedeutet, eine andere Person zu unterstützen, ihre eigene Lösung zu finden.
- ✓ *Kontakt zum Coachee aufbauen:* Ein gutes Coachinggespräch erfordert gegenseitiges Vertrauen. Vertrauen kann aber nicht rational gesteuert werden, sondern geschieht »intuitiv«, oft in den ersten Sekunden, in denen ich mein Gegenüber wahrnehme. Gestalten Sie diesen Kontaktaufbau bewusst: Nehmen sie sich Zeit, sich auf Ihren Gesprächspartner einzustellen. Machen Sie Ihre Wertschätzung deutlich. Dies beginnt mit einer freundlichen Begrüßung, vielleicht etwas Small Talk, um sich aufeinander einzustellen – wobei es natürlich schön ist, wenn Sie etwas über Ihren Coachee wissen und Anknüpfungspunkte haben.
- ✓ *Daran schließt sich die Rollenklärung an:* In vielen Fällen wissen die Gesprächspartner nicht, was Coaching ist und was dabei auf sie zukommt. Dann ist es hilfreich, die eigene Rolle zu klären: »Ich werde Ihnen nicht sagen, was Sie tun sollen. Aber Coaching bedeutet, Sie zu unterstützen, sich selbst über die Situation klar zu werden, sie aus anderer Perspektive zu betrachten und auf dieser Basis Ihr Vorgehen zu überlegen« – oder wie Sie das auch immer formulieren möchten.

Die zweite Aufgabe ist die inhaltliche Orientierung: »Wenn du nicht weißt, wo du hinwillst, musst du dich nicht wundern, wenn du nicht ankommst.« Dieser Spruch von Mark Twain verdeutlicht die Notwendigkeit der inhaltlichen Orientierung: Es ist wichtig, in Erfahrung zu bringen, worum es im Kern geht und was das Ziel des Gesprächs sein soll.

CHECKLISTE FESTLEGUNG VON THEMA UND ZIEL DES COACHINGGESPRÄCHS

- ✓ *Was ist das Thema des Gesprächs?* Worum geht es? An dieser Stelle kann der Coachee kurz über das Thema berichten.
- ✓ *Was ist das Ziel des Gesprächs?* Was möchte der Gesprächspartner am Ende des Gesprächs für sich mitnehmen? Nach der zunächst allgemeineren Schilderung des Themas im ersten Schritt wird es hier nun konkreter: Was genau möchte der Coachee als Ziel erreichen? Möchte Herr Wiese für sich einfach Klarheit über die Situation erhalten, möchte er Ideen entwickeln, wie er das nächste Mal im Telefonat mit Frau Müller gestalten soll?
- ✓ *Visualisierung:* Hilfreich ist es, das Ziel des Coachees so zu visualisieren, dass Sie beide immer wieder darauf schauen können. Wenn Sie ein Flipchart nutzen, können Sie das Ziel dort aufschreiben. Es geht aber auch mit einer Moderationskarte oder einem Blatt Papier, das Sie gut sichtbar auf den Tisch legen.
- ✓ *Orientierung und Vereinbarung über das weitere Vorgehen:* Welcher Zeitrahmen steht zur Verfügung? Stimmen sowohl der Coachee als auch Sie zu, diesen Prozess gemeinsam zu gehen?

Übrigens: Sie können im Rahmen eines Video-Coachings gleichermaßen Thema, Ziel (und die weiteren Punkte) auf einem Whiteboard oder einer Vorlage, die Sie freigeben, darstellen und dann mit Ihrem Coachee gemeinsam bearbeiten.

Unser Tipp: In der Regel erzählen Ihre Coachees zu Beginn eine ganze Menge über das Thema. Man ist geneigt, genauer nachzufragen. Vorsicht: Es geht nicht darum, dass Sie die Situation verstehen, sondern dass Ihr Coachee die Situation besser versteht. Dafür benötigt er die Zeit des Erzählens – nicht Sie. Von daher: Halten Sie sich in dieser Orientierungsphase mit Nachfragen zurück. Erst Zuhören und dann lautet die erste Frage meist: »Was möchten Sie zu diesem Thema als Ergebnis des Gesprächs mitnehmen?«

REALITY (KLÄRUNGSPHASE): »Erst die Klärung, dann die Lösung!« Kennen Sie das? Sie schildern ein Problem und ganz schnell haben Ihre Gesprächspartner die Lösung dafür parat: »Mach doch einfach …« Doch diese gut gemeinten Ratschläge sind zu kurz gegriffen, meist folgt ein »Ja, aber« darauf. Was hier fehlt, ist eine Klärung der Situation. Erst wenn die Problemsituation klar ist, lassen sich passende Lösungen finden.

Die Klärungsphase ist die Phase, in der die Teilnehmerinnen und Teilnehmer unserer Ausbildungen umdenken lernen: Es geht nicht darum, dass Sie als Coach die Situation inhaltlich umfassend verstehen. Es geht darum, dass Sie Ihren Coachee unterstützen, für sich die Situation zu klären. Verschiedene Fragen (wir nennen sie »starke Fragen«: Fragen, die den Coachee zum Nachdenken bringen) helfen dabei. Dabei kann die Klärung in verschiedene Richtungen zielen.

- *Klärung der gegenwärtigen Situation:* Was genau ist das Problem? Was ist schon erreicht? – Was steht noch aus? Was sind gegenwärtig Stärken und Schwachstellen?
- *Klärung der Vorgeschichte:* Wie kam es zu dieser Situation? Welche Faktoren haben dazu geführt? Was haben Sie bisher getan?
- *Fragen mit Blick auf die Zukunft:* Welche Veränderungen könnten möglicherweise eintreten? Was wäre Best Case? Was wäre Worst Case?

Der Wert dieser Klärungsphase liegt darin, dass Ihr Coachee unterstützt wird, unbewusstes Wissen und unbewusste Erfahrungen zu aktualisieren. Das bedeutet für Sie: genau zuhören und Ihren Coachee dabei begleiten, sich diese Erfahrungen (sein »verdecktes Wissen«) bewusst zu machen. Ein Beispiel: Herr Wiese erwähnt, dass Frau Müller ihn »nervt«. Hinter einem solchen pauschalen Satz stehen viele Erfahrungen. Und sie können nachfragen: »Was genau nervt Sie?«, »Was tut Frau Müller, das Sie nervt?«, »Was haben Sie bisher versucht?«

Deutlich wird: Die wichtigsten »Instrumente« im Coachingprozess sind Zuhören und Fragen stellen. Fragen dienen dazu, den Coachee zu unterstützen, die Situation klarer zu sehen, neue Sichtweisen zu erkennen. Sie sind die Voraussetzung, Lösungsideen zu generieren und eigene Antworten zu entwickeln.

Aber nicht jede Frage ist eine starke Frage, die den Coachee auf die Suche nach inneren Lösungen schickt. Wenn Sie fragen, ob Herr Wiese schon einmal versucht hat, mit Frau Müller über ihr Verhalten zu reden, wird er mit Ja oder Nein antworten – aber nicht auf neue Ideen kommen. Wenn Sie stattdessen fragen, was er bisher versucht hat, wird er zum Nachdenken angeregt.

METHODE: STARKE FRAGEN FÜR DIE KLÄRUNGSPHASE

- *Nach konkreten Beispielen fragen:* Wenn Herr Wiese davon spricht, dass Frau Müller ihn nervt, bleibt vieles unklar. Wenn Sie ihn bitten, eine konkrete Situation zu schildern, wird die Situation fassbarer – und es lassen sich eher konkrete Möglichkeiten finden, mit dieser Situation umzugehen.
- *Skalierungsfragen:* »Auf einer Skala von 0 bis 10: wie zufrieden sind Sie mit dem eigenen Vorgehen?« – Skalierungsfragen helfen, Klarheit zu erhalten. Wenn diese Frage mit einer 9 beantwortet wird, ist dies eine andere Dimension als eine 5. So helfen Skalierungsfragen, das Ausmaß des Problems stärker zu fassen. Zugleich kann man hier als Coach dann weiter in die Tiefe fragen: »Bei der Einschätzung 5, was haben Sie erreicht? Was ist aber noch offen?«
- *Offene Fragen:* Ziel der starken Fragen ist, den Coachee zum Nachdenken anzuregen. Ein wichtiger Grundsatz sind hier die

offenen Fragen. Im Gegensatz zu geschlossenen Fragen, die mit einem einfachen Ja oder Nein beantwortet werden können, sind offene Fragen der Anstoß zum Nachdenken. Es gilt also, die Fragen so zu gestalten, dass sie offen sind, dass der Coachee zum Nachdenken angeregt wird. Zum Beispiel: »Welche Faktoren haben aus Ihrer Sicht dazu geführt, dass die Situation so wurde wie sie ist?«

- *Fragen, die verdecktes Wissen aufdecken:* Wenn wir von einer bestimmten Situation berichten, haben wir nur einen Ausschnitt der Situation im Blickfeld – vieles ist uns selbst gar nicht bewusst. Auch hier helfen Fragen, um die Situation vollständiger mit allen ihren Facetten zu erkennen. Wenn Herr Wiese zum Beispiel erzählt, dass die Gespräche mit Frau Müller immer so »schwierig« seien, dann ist es hilfreich, genauer nachzufragen: »Was genau war so schwierig in dieser Situation?« – Diese Nachfragen unterstützen Ihren Gesprächspartner, sich selbst die Situation bewusster zu machen. Sie fördern intuitives Wissen zutage und helfen, den jeweiligen Punkt zu konkretisieren und damit bearbeitbar zu machen.

Unser Tipp: Hilfreich ist, sich eine oder einige starke Fragen als Einstieg in die Klärungsphase zu überlegen. Hinweise dazu gibt Ihnen das Ziel: Was muss geklärt werden, um das Ziel zu erreichen?

Zwei mögliche Einstiegsfragen sind: »Wo genau liegen die Probleme?« Und: »Was haben Sie bisher versucht?«

Übrigens kann auch hilfreich sein, wenn Sie als Coach in der Klärungsphase Hinweise geben – etwa den Blick auf das soziale System zu richten. Sie können möglicherweise auch Hypothesen einführen – eine Vorgehensweise, die in manchen systemischen Ansätzen stark propagiert wird. Aber Vorsicht: Hinweise von außen sind Anregungen, aber sie sind immer nur ein mögliches Bild. Von daher kann es sein, dass Ihr Coachee damit etwas anfangen kann – oder dass er es verwirft. Auch das ist in Ordnung.

Die Klärungsphase ist abgeschlossen, wenn der Coachee für sich die Situation klarer sieht. Das ist gerade für neue Coaches manchmal schwierig, denn woher weiß ich, wann die Situation nun klarer ist? Wenn Sie Ihren Coachee aufmerksam beobachten, werden Sie wahrnehmen, wann die Phase abgeschlossen ist.

OPTIONS (LÖSUNGSPHASE): Im Unterschied zur Klärungsphase, in der die Aufmerksamkeit oft auf das Problem gerichtet ist, bringt die Lösungsphase neue Energie und neuen Schwung. Hier geht es darum, den Lösungsweg zu entwickeln. Das bedeutet zum einen Ideen zu sammeln und zum anderen diese dann zu bewerten. Damit gliedert sich die Lösungsphase in zwei Teile.

Ideen sammeln: Kennen Sie das? Jemand macht einen Lösungsvorschlag, und dann wird dieser gleich bewertet, abgeändert oder gar verworfen, und man sucht wieder von Neuem nach einer Lösungsmöglichkeit. Dies ist ein gängiges Muster, im Coachinggespräch aber wenig sinnvoll, denn es schränkt den Blick ein und bringt wenig neue Lösungsideen.

Genau darum geht es aber in der Lösungsphase: viele Ideen zu generieren. Die Erfahrung zeigt, dass wirklich neue Ideen (und oft sind das die, die dann am besten passen) erst nach einiger Zeit des kreativen »Ideengenerierens« entstehen. Nutzen Sie dafür die Brainstormingregeln: Laden Sie Ihren Coachee ein, möglichst viele verschiedene Ideen zu sammeln. Was wären Lösungsansätze? Auch Sie als Coach können an dieser Stelle Ideen einbringen – aber achten Sie darauf, dass diese Ideen noch nicht bewertet werden.

Die folgenden »starken« Fragen können helfen, das Brainstorming um weitere Aspekte zu ergänzen:

METHODE: STARKE FRAGEN IN DER LÖSUNGSPHASE

- Welche Ideen ergeben sich aus den einzelnen Punkten der Klärungsphase? – Hier können Sie auf die Ergebnisse der vorhergehenden Phase zurückgreifen.
- Haben Sie eine ähnliche Situation schon einmal bewältigt? Was haben Sie damals gemacht?
- Was wäre ein erster Schritt in Richtung Lösung?
- Was würde Ihre beste Freundin oder Ihr Mentor … Ihnen raten zu tun?
- Was könnten Sie machen, um das Problem zu verschlimmern? (Wenn ich ein Problem verschlimmern kann, kann ich sicherlich auch etwas tun, um es zu verringern.)
- Und schließlich die »Wunderfrage«: Über Nacht ist ein Wunder geschehen und das Problem ist gelöst. – Woran erkennen Sie am Morgen, dass das Problem gelöst ist? Was ist anders? Wie haben Sie das erreicht?

Das Ergebnis dieser Phase sollte eine Liste mit vielen verschiedenen Ideen sein. Schreiben Sie alle Ideen gut sichtbar auf. Häufig entsteht aus einer aufgeschriebenen Idee eine weitere.

Ideen bewerten: Nachdem Sie sich als Coach durchaus bei der Ideengenerierung einbringen können, ist es nun wieder vorrangig die Aufgabe des Coachees, die Ideen zu bewerten. Nur er kennt seine Situation und sich – und er kann entscheiden, welche Ideen für ihn passend sind. Ideen bewerten heißt, die Vor- und Nachteile der Ideen zu betrachten und mögliche Chancen und Risiken zu erörtern. Auch Sie als Coach können an dieser Stelle auf aus Ihrer Sicht mögliche Chancen und Risiken hinweisen – aber die Entscheidung trifft Ihr Coachee.

Ein hilfreiches Vorgehen ist, diejenigen auf einem Flipchart oder auf Karten gesammelten Ideen zu markieren, die der Coachee interessant oder machbar findet oder die einen Ansatz bieten – das ist meist einfacher und schneller, als wenn die einzelnen Ideen lange diskutiert und möglicherweise zerredet werden.

WHAT NEXT (ABSCHLUSSPHASE): In der Abschlussphase werden die nächsten konkreten Schritte festgelegt. Das bedeutet zunächst, dass der Coachee entscheidet, welche der Lösungsansätze er umsetzen und wie er dabei vorgehen möchte. Gerade hier ist es wichtig, konkrete Schritte festzulegen.

METHODE: STARKE FRAGEN IN DER ABSCHLUSSPHASE

- Wenn Sie sich die Lösungsideen und deren Bewertung anschauen, was nehmen Sie als Ergebnis?
- Was sind Ihre nächsten konkreten Schritte?
- Wie sicher sind Sie, dass Sie diese umsetzen werden?

Wichtig ist auch hier die Visualisierung: Halten Sie am Flipchart oder auf Papier fest, was sich Ihr Coachee konkret vornimmt.

Zum Abschluss laden Sie Ihren Coachee ein, nochmals auf das Ziel zu schauen und sich dann das Ergebnis anzusehen. Wie geht es Ihrem Coachee damit? Ist noch etwas offen? Braucht er noch etwas? Gibt es Vereinbarungen zwischen Ihnen und Ihrem Coachee: zum Beispiel über einen Checktermin? Erst wenn diese Fragen beantwortet sind, ist das Coachinggespräch richtig rund.

THEORETISCHER HINTERGRUND

Der GROW-Prozess orientiert sich am klassischen Problemlöseprozess. Herbert Simon und Allen Newell haben in den 1970er-Jahren daraus ein allgemeines Modell des Problemlöseprozesses entwickelt:

- Das Problem muss wahrgenommen und definiert werden.

- Es wird ein Ziel definiert und geklärt, woran man erkennen kann, dass das Ziel erreicht ist.
- Es gilt festzulegen, welche Maßnahmen dazu geeignet sind, die Ausgangssituation in den Zielzustand zu verändern.

Es gibt mittlerweile eine Reihe von Modellen zur Strukturierung des Problemlöseprozesses. Zum Beispiel DMAIC – Zirkel aus Six Sigma (Birkmayer u. a. 2010):

- Define
- Measure
- Analyse
- Improve
- Control

Auch im Coaching geht es darum, von einem Anfangszustand in einen Zielzustand zu kommen. Deshalb macht eine Orientierung am Problemlöseprozess Sinn, allerdings etwas abgeändert auf die 4 Phasen GROW.

LITERATURTIPPS

Exemplarisch zur Struktur des Coaching- beziehungsweise Beratungsgesprächs:

- Brüggemann, H. (2016): Systemische Beratung in fünf Gängen. Ein Leitfaden. 6. Auflage. Göttingen: Vandenhoeck & Ruprecht

Anregungen zu starken Fragen zum Beispiel bei:

- Kindl-Beifuß, C. (2018): Fragen können wie Küsse schmecken. 8. Auflage. Heidelberg: Carl-Auer
- Patrzek, A. (2017): Systemisches Fragen. Professionelle Fragetechnik für Führungskräfte, Berater und Coaches. 2. Auflage. Wiesbaden: Springer Gabler

Intuition: Bauchgefühl und Empathie im Coachinggespräch

BEISPIEL: METHODE IST NICHT ALLES

Franz Heller macht gerade seine Coachingausbildung. Er hat sich dafür die Gesprächsstruktur nochmals vergegenwärtigt. Im Verlauf des Gesprächs überlegt er sich immer wieder, welche Fragen passen könnten. Nur: Irgendwie hat er keinen Draht zu seinem Gesprächspartner. Der Kontakt stimmt nicht, das Gespräch tritt (trotz der starken Fragen) auf der Stelle.

Vielleicht kennen Sie solche Situationen: Struktur ist hilfreich – doch sie kann auch hinderlich sein. Sie ist hinderlich, wenn man die Aufmerksamkeit nur noch auf die Struktur richtet und dann der Kontakt zum Gesprächspartner verlorengeht.

Das heißt, Coaching erfordert immer auch Intuition, erfordert das Gespür für den Coachee und für die besondere Situation: Sie spüren intuitiv, ob Sie Ihrem Coachee noch etwas Zeit geben müssen, ob die nächste Frage oder ein Kommentar angebracht sind oder ob Sie etwas ganz anderes tun müssen.

Struktur und Intuition sind keine Gegensätze, wie man lange Zeit annahm. Intuition beruht auf Erfahrung. Sie kennen das sicherlich vom Autofahren: Sie wissen intuitiv, wie weit Sie vor einer Kurve abbremsen müssen. Dieses Gespür haben Sie in der Fahrschulzeit noch nicht gehabt. Sie haben es im Laufe der Zeit erworben. Intuitiv handeln bedeutet dann, dass eine Situation auf dem Hintergrund Ihrer Erfahrungen unbewusst abgecheckt wird und Sie, ohne zu überlegen, spüren, so muss ich vorgehen.

Das Gleiche gilt für Coaching. Es sind Ihre Erfahrungen im Coaching, die es Ihnen ermöglichen, intuitiv zu entscheiden. Eine konkrete Situation wird mit vergangenen intuitiv verglichen – und Sie bekommen ein Signal: So muss ich jetzt vorgehen. Daraus ergeben sich folgende Schritte, Intuition im Coaching zu lernen:

- *Methoden bewusst einsetzen:* Wenden Sie unterschiedliche Methoden (wie zum Beispiel die GROW-Struktur) bewusst an. Das klingt paradox, ist es aber nicht. Intuitiv handeln bedeutet, die Methoden zu beherrschen.
- *Sammeln Sie Erfahrungen:* Sie können nicht intuitiv handeln, ohne in diesem Bereich eine Fülle von Erfahrungen gemacht zu haben.
- *Anschließend variieren Sie das Vorgehen:* Probieren Sie zum Beispiel eine längere und eine kürzere Orientierungsphase im Coaching aus, experimentieren Sie mit verschiedenen starken Fragen. Sie bekommen ein Gefühl für das Vorgehen. Übrigens: Sie müssen dafür nicht komplette Coachinggespräche führen. Mit verschiedenen starken Fragen zu experimentieren können Sie ebenso im ganz normalen Alltag, als Führungskraft, als Mitarbeiterin in der Stadtverwaltung, als Lehrerin im Gymnasium oder als Studentin.
- Vor Beginn eines Coachings können Sie sich das Vorgehen nochmals vergegenwärtigen. Lesen Sie die Checkliste für die GROW-Struktur noch einmal durch oder die Merkmale sozialer Systeme. Sie aktualisieren dadurch Ihr latent vorhandenes Wissen.
- Dann aber heißt es gleichsam, umschalten: vom rationalen Denken zum emotionalen, intuitiven Denken. Blenden Sie zu Beginn des Coachinggesprächs alle rationalen Überlegungen aus. Besinnen Sie sich auf sich und Ihre Haltung und nehmen Sie Kontakt zu Ihrem Coachee auf. Sie schaffen damit die Möglichkeit, Ihr emotional gespeichertes Wissen zu nutzen – ohne den Zwischenschritt des rationalen Überlegens.

- Schließlich: Achten Sie während des Coachings auf Ihr Bauchgefühl, richten Sie die Aufmerksamkeit auf sich selbst: Wie geht es mir gerade? Fühlt es sich stimmig an? Die Beantwortung dieses kurzen Zwischenchecks kann ein wichtiges Signal sein: Fühlt sich alles gut an, geht es weiter im Prozess. Merken Sie selbst aber Unruhe, seien Sie besonders wachsam: Vielleicht fehlt etwas, vielleicht sind Sie nicht ganz dabei? Häufig sind diese Signale erste schwache Warnungen in Hinblick auf den Prozess – etwas benötigt mehr Aufmerksamkeit. Manchmal spüren Sie auch eine schnelle Idee, einen Impuls, um zum Beispiel eine bestimmte Methode vorzuschlagen. Nehmen Sie diese Idee wahr, es sind Signale, die wichtig sind.

Übrigens: Intuition ist nicht nur für Coaching relevant, sondern auch in anderen Bereichen. Erfolgreiches Handeln als Führungskraft, als Lehrerin, als Fachexpertin ist immer auch intuitives Handeln. Nutzen Sie es.

THEORETISCHER HINTERGRUND

Rationales und emotionales, intuitives Denken galten lange Zeit als Gegensätze, wobei man den Primat im rationalen Denken sah: Um erfolgreich zu handeln, so die dahinterstehende These, müssen wir die Fakten analysieren und rational entscheiden.

Aktuelle Untersuchungen im Kontext der Neurobiologie haben aber diese Auffassung ins Wanken gebracht. Daniel Kahneman in seinem Buch »Schnelles Denken, langsames Denken« (2016) oder Gerd Gigerenzer im Buch »Bauchentscheidungen« (2009) führen zahlreiche Beispiele auf, in denen das intuitive, emotional gesteuerte Denken dem rationalen Denken überlegen ist.

Vermutlich sind es zwei Konzepte, die den Erfolg intuitiven Vorgehens erklären können:

- *Das Konzept der Spiegelneuronen im Anschluss an Giacomo Rizzolatti:* Es besagt, dass wir intuitiv die Empfindungen des Gegenübers wahrnehmen können: Nervenzellen im Gehirn zeigen beim Beobachten eines Vorgangs das gleiche Aktivitätsmuster wie bei dessen eigener Ausführung.
- *Das Konzept der somatischen Marker im Anschluss an Antonio Damasio:* Somatische Marker sind gleichsam die emotionalen Signale auf der Basis unseres Erfahrungswissens, die uns Stopp oder Go signalisieren.

In eine ähnliche Richtung zielt übrigens das Konzept der Resonanz von Hartmut Rosa (2019), das besagt, dass wir nur dann erfolgreich handeln können, wenn wir in »Resonanz« zur Umwelt und zu anderen Menschen sind. Dabei ist Resonanz kein rationales, sondern ein emotional gesteuertes Vorgehen.

LITERATURTIPPS

Grundlegend sind immer noch die Bücher von Gigerenzer und Kahneman

- Gigerenzer, G./Kober, H. (2009): Bauchentscheidungen. Die Intelligenz des Unbewussten und die Macht der Intuition. 10. Auflage. München: Goldmann
- Kahneman, D. (2016): Schnelles Denken, langsames Denken. 13. Auflage. München: Siedler
- Rosa, H. (2019): Resonanz. Eine Soziologie der Weltbeziehung. Berlin: Suhrkamp
- Storch, M (2018): Das Geheimnis kluger Entscheidungen. Von Bauchgefühl und Körpersignalen. 10. Auflage. München: Piper

Die Struktur längerer Coachingprozesse

Coachingprozesse sind in der Regel keine einmaligen Gespräche, sondern längere Prozesse, die etwa ein halbes Jahr dauern. In dem letzten Kapitel haben wir GROW als Struktur für das Coachinggespräch eingeführt. Sie können GROW gleichermaßen nutzen, um einen längeren Coachingprozess zu strukturieren. Auch hier gibt es eine Orientierungsphase: Kontakt aufbauen, Themen und Ziele für den Coachingprozess festlegen und weitere Vereinbarungen treffen. Es gibt dann eine Reihe von einzelnen Coachinggesprächen, die jeweils wieder nach GROW gegliedert sind. Und es gibt eine Abschlussphase. Hierzu in den folgenden Abschnitten einige Hinweise.

GUTE VORBEREITUNG IST DIE HALBE MIETE

BEISPIEL: DER BEGINN EINES COACHINGPROZESSES

Einen unserer Coachees, Herrn Fuchs, haben Sie schon kennengelernt. Doch wie fing eigentlich alles an? Frau Voss, die Personalleiterin hatte Herrn Fuchs ein Coaching vorgeschlagen. Herr Fuchs ist gespannt, was da auf ihn zukommt.

Betrachten wir jetzt die Situation aus der anderen Perspektive: Thomas Schreiber arbeitet seit zwei Jahren als selbstständiger Coach. Eines Morgens findet er eine E-Mail von Frau Voss in seinem Postfach: »Wir suchen einen Coach für Herrn Fuchs … Sie sind uns empfohlen worden. Könnten Sie sich bitte mit uns in Verbindung setzen!«

Thomas Schreiber freut sich, doch bevor er Frau Voss anruft, macht er sich einige Gedanken und bereitet sich vor.

Thomas Schreiber überlegt sich: Worum geht es eigentlich in einer solchen Startphase? Er hat noch keinen Auftrag, sondern es ist eine Akquisesituation: Frau Voss und/oder Herr Fuchs werden überlegen, ob sie ihn als Coach »einkaufen«.

Es geht also darum, sich gegenseitig kennenzulernen und zu prüfen: Kann das, was Thomas Schreiber als Coach mitbringt, tatsächlich an dieser Stelle hilfreich sein? Können Coach und Coachee gut zusammenarbeiten? – Das bedeutet, bevor es losgeht, sind für den Coach zwei Dinge zu klären:

- Wer ist der »Kunde«? Was sind dessen Erwartungen, aber auch mögliche Befürchtungen?
- Was bringe ich mit? Was kann ich diesem Kunden anbieten, um ihn zu unterstützen? Wie kann ich ihn überzeugen, dass das, was ich anbiete, durchaus hilfreich ist?

MIT WEM HABE ICH ES ZU TUN: Im Endeffekt wollen Sie als Coach eine Lösung für das Problem Ihres Gesprächspartners anbieten. Das bedeutet, dass Sie überlegen sollten, wer Ihr »Kunde« ist, was seine Themen sein könnten und was er erwarten könnte. Folgende Fragen können Ihnen bei der Analyse des Kundensystems helfen.:

CHECKLISTE KUNDENANALYSE IM COACHING

- ✓ Was ist das für eine Organisation, in der Frau Voss und Herr Fuchs arbeiten? Gibt es bestimmte Regeln, die Sie dabei beachten sollten?
- ✓ Wer ist der Kunde? Wer entscheidet über den Auftrag?
- ✓ Welche möglichen Erwartungen und Befürchtungen des Kunden gibt es?
- ✓ Wie ist die Vorgeschichte dieser Anfrage? Hatten Sie schon einmal Kontakt zu diesem Unternehmen? Gab es Informationen über das Thema des Coachings in der ersten Anfrage? Welche Themen könnten gegebenenfalls dahinterstehen?

Auf unser Beispiel bezogen: Sicherlich ist Herr Fuchs ein möglicher Kunde, aber ebenso Frau Voss – beide werden letztendlich entscheiden, ob Coaching stattfinden wird oder nicht. Vielleicht gibt es weitere Personen, die im Hintergrund eine Rolle spielen und etwas zum Coaching zu sagen haben?

Um diese Fragen zu beantworten, nutzt Thomas Schreiber zum einen offizielle Unterlagen und/oder das Internet. Er überlegt, ob er zudem informelle Kontakte hat: Kennt er jemanden, der dort arbeitet oder dorthin Kontakt hat? Und vor allem: Er versucht, sich in den Kunden hineinzuversetzen.

Unser Tipp: Versetzen Sie sich in die Rolle Ihres oder Ihrer Kunden und fragen Sie sich: Was wäre Ihnen im Blick auf Coaching wichtig? Hilfreich kann sein, hier eine »Persona« des Kunden zu erstellen. Wir stellen das Vorgehen im zweiten Teil im Zusammenhang mit der Stakeholderanalyse ausführlicher dar.

WAS BRINGE ICH MIT: Nach der Analyse des Kundensystems ist der zweite Schritt, das eigene Konzept im Hinblick auf den Kunden zu schärfen: Was könnte Herr Schreiber Frau Voss und Herrn Fuchs anbieten? Was sollte er anbieten, damit sie überzeugt sein werden?

CHECKLISTE DAS EIGENE KONZEPT

- ✓ Was ist mein »Unique Selling Point«, das Besondere an meinem Konzept?
- ✓ Was sind meine Erfahrungen im Kontext der Organisation beziehungsweise im Kontext des Themas? Habe ich in ähnlichen Unternehmen schon Erfahrungen sammeln können? Habe ich ähnliche Themen schon bearbeitet? Kann ich dafür ein Beispiel erzählen?

- ✓ Was sind meine Schwerpunkte und wie könnten diese zu den Bedürfnissen dieses Systems passen?
- ✓ Was ist mein professioneller Background? Habe ich eine anerkannte Coachingausbildung absolviert?

Auf unser Beispiel bezogen: Einer der Schwerpunkte von Thomas Schreiber ist, junge Führungskräfte in sozialen Unternehmen zu begleiten. Und er versteht Übergänge in eine neue Position als Übergang in ein neues System. Es ist wichtig, diese Kompetenz darzustellen, wobei sich Thomas Schreiber überlegen muss, wie er das formuliert – nicht allzu viele Kunden können mit dem Begriff »systemisch« etwas anfangen.

DAS ERSTGESPRÄCH

Das Erstgespräch kann in unterschiedlichen Konstellationen stattfinden: Es könnte nur der Coachee (also Herr Fuchs) mit Herrn Schreiber sprechen. Oder es kann sein, dass nur der Auftraggeber das Gespräch führt (also Frau Voss). Oder es ist möglich, dass sowohl der Auftraggeber als auch der Coachee anwesend sind. Zielstellung des Gesprächs ist, einen guten Kontakt zu den Gesprächspartnern aufzubauen und eine Klärung herbeizuführen, worum es im möglichen Coachingprozess tatsächlich geht. Außerdem gilt es, das eigene Coachingkonzept sowie die eigene Kompetenz als Coach deutlich zu machen.

Auch der Ablauf des Erstgesprächs orientiert sich an den vier Phasen GROW, wir beschränken uns auf die knappe Checkliste auf der nächsten Seite.

CHECKLISTE ERSTGESPRÄCH

GOAL (Orientierungsphase): Hier gilt im Grunde das, was wir bereits zum Coachinggespräch festgestellt haben.

- ✓ Zunächst gilt es, sich selbst der eigenen Rolle als Coach bewusst werden.
- ✓ Vertrauen aufbauen: sich auf das Gegenüber einstellen, die »passende« Sitzposition wählen, dabei auf das eigene Gefühl achten.
- ✓ Thema und Ziel des Gesprächs (nochmals) absichern: Es geht darum, sich kennenzulernen und abzuklären, ob es Sinn macht, gemeinsam an den Themen zu arbeiten.

REALITY (Klärungsphase): Ziel ist, sich gegenseitig besser kennenzulernen und die Situation abzuklären.

- ✓ Berichten Sie von sich, von Ihrer Ausbildung, von relevanten Projekten, die Sie gemacht haben, von Ihrer Coachingerfahrung.
- ✓ Bitten Sie auch Ihren Gesprächspartner von sich zu erzählen.
- ✓ Vermutlich erhalten Sie in dieser Phase bereits Informationen über das Thema des Coachings.

OPTIONS (Lösungsphase): Hier können Sie Ihr Konzept vorstellen:

- ✓ Was bedeutet Coaching für Sie?
- ✓ Wie arbeiten Sie konkret? Gegebenenfalls können Sie anhand eines Beispiels systemisches Coaching erläutern.
- ✓ Was könnten mögliche Vorgehensweisen zur Bearbeitung des Themas sein? Hier können sie Ihre Vorschläge zum Vorgehen einbringen, eventuell Referenzbeispiele anführen. Lassen Sie dem Gesprächspartner genügend Zeit, über die Vorschläge nachzudenken und Fragen zu stellen.

WHAT NEXT (Abschlussphase): Wichtig ist zum Abschluss eine klare Vereinbarung. Möglicherweise wird bereits ein Coaching vereinbart. Sie können dann ein schriftliches Angebot einreichen. Es kann auch sein, dass Ihre Gesprächspartner (oder auch Sie) noch Zeit zum Überlegen benötigen. Sie können vorschlagen, selbst anzurufen – dann ist die Gefahr geringer, dass es irgendwo liegen bleibt. Eines ist uns in diesem Zusammenhang wichtig: Auch Sie müssen hier zustimmen. Sind die Themen bearbeitbar? Können und möchten Sie an diesen Themen arbeiten? Können und möchten Sie mit diesem Coachee arbeiten?

Die Vereinbarung zum Coaching bezieht sich immer auf beide Seiten: Der Coachee muss zustimmen, aber ebenso gilt das Gleiche für den Coach.

Unser Tipp: Der stärkste Erfolgsfaktor für Sie als Coach ist Ihre Persönlichkeit. Wir wissen, dass Menschen nur zu einem geringen Teil rational entscheiden, zum überwiegenden Teil emotional. Sie können noch so gute Argumente und ein noch so überzeugendes Konzept haben, wenn der »emotionale Draht« fehlt, wird Ihnen das nichts nützen. Das bedeutet, seien Sie Sie selbst: Machen Sie sich Ihre Grundeinstellung als Coach bewusst (denken Sie an Wertschätzung, Empathie und Authentizität) – und genau das wird intuitiv wahrgenommen.

DIE AUFTRAGSKLÄRUNG

Das Auftragsklärungsgespräch kann sofort im Anschluss an das Erstgespräch geführt werden, es kann aber auch ein gesonderter Termin sein. Die Ziele der Auftragsklärung sind die Festlegung der Themen des Coachingprozesses, das Erarbeiten konkreter Ziele und deren Indikatoren sowie weitere Vereinbarungen wie zeitlicher Rahmen, Vertraulichkeit, Termine und Kosten.

CHECKLISTE AUFTRAGSKLÄRUNG

FRAGEN ZUR FESTLEGUNG DER THEMEN

- ✓ Was sind Themen, die Sie in unserem gemeinsamen Coachingprozess bearbeiten möchten?
- ✓ Welche möglichen Themen ergeben sich durch das Feedback Ihrer Vorgesetzten, durch Probleme in Arbeitssituationen etc.?
- ✓ Bitte schildern Sie kurz eine typische Situation, für die Sie sich Unterstützung erhoffen.

Manchmal braucht es hier etwas Zeit: Lassen Sie den Coachee erzählen, hören Sie aufmerksam zu und fragen Sie nach konkreten Beispielen.

FRAGEN ZUR FESTLEGUNG DER ZIELE

- ✓ Was möchten Sie am Schluss des Coachingprozesses erreicht haben?
- ✓ Was soll sich genau verändert haben?
- ✓ Was darf nicht passieren? Welche Befürchtungen, Sorgen oder Ängste bestehen?

FESTLEGUNG VON INDIKATOREN, ANHAND DERER SICH DIE ZIELERREICHUNG ÜBERPRÜFEN LÄSST

Woran können Sie (andere oder wir) feststellen, dass Sie dieses Ziel erreicht haben? Es gibt ganz unterschiedliche Indikatoren zur Zielerreichung:

- ✓ *Objektive Indikatoren* können zum Beispiel die Umsetzung bestimmter Maßnahmen, die regelmäßige Durchführung von Coachinggesprächen mit Mitarbeitern, die erfolgreiche Durchführung eines Projekts, aber auch die Reduzierung der täglichen Arbeitszeit oder die Zahl positiver oder negativer Rückmeldungen sein.
- ✓ *Subjektive Indikatoren* sind die subjektive Einschätzung aus unterschiedlichen Perspektiven wie zum Beispiel die Perspektive

der Vorgesetzten, ein Teamreview, die Mitarbeiterbefragung, aber auch die Selbsteinschätzung des Coachees oder die Einschätzung aus Sicht des Coachs: »Auf einer Skala von 0 bis 100 inwieweit haben Sie Ihr Ziel erreicht?«

WEITERE VEREINBARUNGEN ZUM BEISPIEL ÜBER

- ✓ Zeitrahmen, Termine, Häufigkeit
- ✓ Vertraulichkeit: Wer darf vom Coaching wissen?
- ✓ mögliche Vorgehensweisen: Einzelcoaching, Triadencoaching (zum Beispiel Coachee und Vorgesetzte) oder eine Begleitung durch den Coachee bei Teammeetings
- ✓ Meilensteine, zum Beispiel Statusgespräche mit der Vorgesetzten

Manchmal können die Coachees sehr leicht Indikatoren benennen, manchmal benötigen Sie Ideen und Anregungen von Ihnen als Coach. Überlegen Sie, woran sich der Erfolg des Coachings feststellen lässt und machen Sie hier durchaus Vorschläge. Und nutzen Sie die genannten Punkte als Checkliste.

Unser Tipp: Halten Sie die Ziele und deren Indikatoren in einer schriftlichen Zielvereinbarung fest.

Ihr Coachee (und möglicherweise dessen Vorgesetzte) haben sich überlegt, was sie im Coaching erreichen wollen, Sie als Coach haben Orientierung und der ganze Prozess erhält Verbindlichkeit. Hier als Beispiel die Zielvereinbarung für den Coachingprozess für Herrn Fuchs:

Zielvereinbarung Coaching

Coachee: Herr Fuchs **Coach:** Thomas Schreiber **Datum:** 28.02.

Ziele: Was will der Coachee am Ende des Coachings erreicht haben?	**Indikatoren: Woran lässt sich feststellen, ob das Ziel erreicht ist?**
Er möchte als Führungskraft sicherer werden.	• eigene Einschätzung • Einschätzung des Vorgesetzten • Ergebnisse des nächsten 360°-Feedbacks
Die Rollen und Verantwortlichkeiten im Team sollen geklärt und festgelegt sein.	• Aufgabenbeschreibungen für die einzelnen Teammitglieder liegen vor. • Team-Review zum Prozess wird durchgeführt.
Die Einführung agiler Arbeitsformen wurde gestartet.	• Ein agiles Projekt ist bereits am Laufen. • Es erfolgt eine Retrospektive des Prozesses.
Weitere Vereinbarungen: • Zunächst werden vier Coachingtermine von jeweils zwei Stunden vereinbart. • Danach folgt der Meilenstein mit der Personalleiterin, Entscheidung über das weitere Vorgehen.	
Unterschrift Coachee	**Unterschrift Coach**

Übrigens: Wir vereinbaren häufig zunächst nur vier Termine. Das ist ein begrenzter Zeitraum, um erste Erfolge zu erzielen. Im Anschluss daran wird über die Weiterführung entschieden.

LITERATURTIPPS

- Prior, M./Trenkle, B. (2016): Beratung und Therapie optimal vorbereiten. Informationen und Interventionen vor dem ersten Gespräch. 7. Auflage. Heidelberg: Carl-Auer
- Kuntz, B. (2014): Die Katze im Sack verkaufen. Wie Sie Bildung und Beratung mit System vermarkten. 4. Auflage. Bonn: managerSeminare

DER COACHINGPROZESS VON A BIS Z, ZWISCHEN AUFTRAGSKLÄRUNG UND ZIELERREICHUNG

DAS ERSTE COACHINGGESPRÄCH: Die Auftragsklärung ist erfolgreich abgeschlossen. Herr Fuchs hat Ziele festgelegt. Thomas Schreiber schaut über die Zielvereinbarung und überlegt sich, mit welchem Thema er wohl den Prozess beginnt.

Unser Tipp: Hilfreich ist, dem Coachee im ersten Coachinggespräch einen »Quick Win« zu ermöglichen: Was wäre ein Thema, bei dem der Coachee schnell einen ersten Erfolg erreichen und zugleich der Coach seine Kompetenz zeigen kann?

Sie können Ihren Coachee fragen, was aus seiner Sicht ein guter Einstieg sein könnte. Oder Sie machen einen Vorschlag.

Überlegen Sie: Mit welchem Thema würden Sie an der Stelle von Thomas Schreiber einsteigen? Vermutlich nicht mit dem Thema Klärung von Verantwortlichkeiten, und auch nicht mit der Einführung agiler Arbeitsformen – das sind Themen, die im späteren Prozess aufgegriffen werden können.

Thomas Schreiber startet mit der Vorbereitung der nächsten Abteilungsbesprechung. Herr Fuchs hatte nebenbei angesprochen, dass er sich da immer etwas unsicher fühlt – und Thomas Schreiber hat das aufgegriffen.

Die Themen für die weiteren Termine ergeben sich aus der Zielvereinbarung – oder es steht ein aktuelles Thema an, für das Ihr Coachee Unterstützung benötigt. Oder Sie schlagen ein Thema vor – auch das ist möglich.

DIE STRUKTUR DER WEITEREN COACHINGGESPRÄCHE: Herr Fuchs und Thomas Schreiber treffen sich zum zweiten Gespräch. Jetzt geht es zunächst darum, sich auszutauschen: Was hat sich bei Herrn Fuchs zwischenzeitlich ergeben? Was von den Vereinbarungen aus dem letzten Gespräch hat er umgesetzt? Was hat geklappt? Wo sind Schwierigkeiten aufgetreten? Aber auch: Welche Themen könnten heute relevant sein? Das bedeutet, dass jedes weitere Coachinggespräch mit einem solchen Statusbericht beginnt. Daran schließt sich die Festlegung von Thema (oder Themen) und Ziel für den heutigen Termin an.

Unser Tipp: Hören Sie beim Statusgespräch gut zu. Häufig deuten sich dabei Themen an, die Sie bearbeiten können. Es ist völlig legitim, dass Sie als Coach Themen vorschlagen – aber Ihr Coachee entscheidet.

Die Struktur für die Bearbeitung der Themen ist wieder die GROW-Struktur, die wir bereits vorgestellt haben:

- Goal: Festlegung von Thema und Ziel
- Reality: Klärung der Situation
- Options: Sammlung von Lösungsmöglichkeiten, anschließend Bewertung
- What next: Festmachen des Ergebnisses und nächste Schritte

Z WIE ZIELERREICHUNG: DER ABSCHLUSS DES COACHINGPROZESSES

BEISPIEL: AUCH COACHING HAT EIN ENDE

Herr Fuchs wurde ein halbes Jahr durch seinen Coach begleitet. Er hat viele Themen bearbeiten und sich durch das Coaching weiterentwickeln können. Jetzt steht die letzte Coachingsitzung an.

Coaching ist eine Unterstützung, die zeitlich begrenzt ist. Doch bevor das Coaching beendet wird, gibt es zwei Themen, die bearbeitet werden sollten: die Evaluation und die Stabilisierung des Coachingprozesses.

EVALUATION: Dahinter steht die Frage der Bewertung

- *des Coachingprozesses:* Wie verlief der Prozess, war er rund, gab es Phasen der Stagnierung, besonders wichtige Phasen?
- *des Ergebnisses:* Hat der Coachee seine Ziele erreicht? Setzt er das Gelernte um?

Eine solche Bewertung kann in mehrfacher Hinsicht hilfreich sein:

- *Für den Coachee,* um die durch Coaching angestoßenen Veränderungen zu vergegenwärtigen und Erfolge sichtbar zu machen. Evaluation ist somit wichtiger Faktor für Stabilisierung. Wenn ich wahrnehme, was ich geschafft habe, ist die Chance größer, dass ich mit Motivation dabei bleibe.
- *Für den Auftraggeber:* Aus Sicht des Auftraggebers (des Unternehmens, das Coaching bezahlt) stellt sich die Frage: Hat sich das Coaching gelohnt? Gibt es ein Ergebnis? Rechnet sich der Aufwand an Zeit und Geld?
- *Für den Coach:* Der Coach erhält durch die Evaluation Hinweise, welche Verfahren beim Coachee besonders gut ankamen und wo er das Verfahren verbessern kann. Von daher empfiehlt sich Evaluation nicht nur am Schluss des Prozesses, sondern auch zwischendurch: Passt das Vorgehen für den Coachee? Muss ich als Coach etwas ändern? Möglicherweise kann der Coach die Ergebnisse für andere Kunden nutzen, um den Erfolg seines Coachings zu verdeutlichen.

Die Evaluation kann auf der Basis offener Fragen durchgeführt werden, Sie können auch Fragebogen, Beobachtungen oder Kennzahlen verwenden. Sie können in der Regel dafür die Indikatoren der Auftragsklärung verwenden. Hier einige Anregungen.

CHECKLISTE EVALUATION

- ✓ Sie können mit Ihrem Coachee die einzelnen Sitzungen durchgehen, vielleicht anhand der Fotoprotokolle der einzelnen Sitzungen, die auf einer Pinnwand aufgehängt sind: Was ist Ihrem Coachee davon in Erinnerung? Was war hilfreich? Was hat er genutzt?
- ✓ Sie können die Zielvereinbarung vom Beginn heranziehen und Skalierungsfragen verwenden: Zwischen 0 und 100: Inwieweit hat Ihr Coachee die einzelnen Ziele erreicht? Wie viel davon wendet er in der Praxis an? Wurde das Projekt im vorgesehenen Zeitraum abgeschlossen? Gibt es ein Team, das agil arbeitet?
- ✓ Sie können andere Perspektiven wie die des Vorgesetzten einbeziehen: Haben sich Verhalten und Einstellung seit Beginn des Coachings verändert? Was ist anders? Was ist besser (oder möglicherweise schlechter)? Gegebenenfalls können Sie dafür einen Fragebogen nutzen.
- ✓ Sie können Ihren Coachee beobachten: Inwieweit wendet er zum Beispiel die GROW-Struktur in Besprechungen an?

STABILISIERUNG DER VERÄNDERUNG

Sicherlich kennen Sie das: Sie haben Dinge verändert, gehen Themen anders an, doch im Alltag verfallen Sie wieder in den alten Trott. Die Frage ist hier: Was kann getan werden, damit diese Veränderungen nicht versanden, sondern stabilisiert werden? Das ist Thema eines eigenen Coachinggesprächs.

COACHINGGESPRÄCH STABILISIERUNG DER VERÄNDERUNG

GOAL (ORIENTIERUNGSPHASE):

In vielen Fällen werden Sie als Coach derjenige sein, der gegen Ende des Coachingprozesses das Thema einbringt: »Ich schlage Ihnen vor, dass wir zum Abschluss noch das Thema aufgreifen, was Sie tun können, um den Erfolg des Coachings zu wahren und dafür zu sorgen, dass er nicht im Alltag untergeht?«

REALITY (KLÄRUNGSPHASE):

- Zwischen 0 und 100: Wie stabil ist das, was Sie durch Coaching erreicht haben?
- Was ist stabil? Was ist nicht stabil?
- Was sind Faktoren, die ein Versanden begünstigen können?
- Was sind Faktoren, die Stabilisierung begünstigen können?

OPTIONS (ORIENTIERUNGSPHASE)

Der Fokus der Lösungsphase richtet sich darauf, Ideen zu entwickeln, wie die Stabilisierung verstärkt werden kann. Mögliche Fragen sind:

- Was hat Ihnen in der Vergangenheit geholfen, neues Verhalten zu stabilisieren?
- Erinnern Sie sich an eine Situation, in der es gut geklappt hat, neues Verhalten zu stabilisieren. Was haben Sie da konkret gemacht? Was hat Ihnen dabei geholfen?
- Was könnte Ihnen jetzt für die Stabilisierung helfen?
- Was würde dazu führen, dass das, was Sie durch das Coaching erreicht haben, relativ schnell versandet?
- Stellen Sie sich vor, es ist ein halbes Jahr vergangen und Sie wenden immer noch das an, was Sie im Coaching gelernt haben. Was hat dazu geführt?

WHAT NEXT (ABSCHLUSSPHASE):
Welche dieser Ideen möchte Ihr Coachee nun umsetzen? Was nimmt er sich konkret vor? Wie sieht sein Handlungsplan aus?

Möglicherweise können Sie an dieser Stelle neue Kontrakte schließen: ein Telefonat zwischen Ihnen und Ihrem Coachee nach drei Monaten oder einen Checktermin in einem halben Jahr.

Natürlich können Sie beim Thema Stabilisierung ebenfalls Ideen einbringen. Dazu folgende Anregungen:

- *Sich das Thema oder das Vorgehen vergegenwärtigen:* Ein Verhalten oder eine Einstellung setzen voraus, dass man sich daran erinnert. Eine Möglichkeit dafür ist, ein Symbol oder eine Erinnerungshilfe (zum Beispiel für die neue Rolle als Führungskraft) einzuführen, das Ihren Coachee immer wieder daran erinnert.
- *Bestimmte Verhaltensweisen üben:* Üben gehört zu den Faktoren, die Lernen begünstigen. Überlegen Sie mit Ihrem Coachee, wo er das neue Verhalten immer wieder üben kann.
- *Eine Vision entwickeln:* Handeln wird entscheidend von Visionen geleitet. Entwickeln Sie mit Ihrem Coachee eine Vision für das neue Verhalten. Wenn das Thema Vision Teil des Coachingprozesses war, unterstützen Sie Ihren Coachee, sich diese Vision wieder zu vergegenwärtigen.
- *Führen Sie »Wenn-dann-Pläne« ein:* »Wenn ich merke, dass mein neues Verhalten wieder im Arbeitsalltag unter geht, dann nehme ich mir ganz bewusst Zeit, mir mein neues Verhalten wieder zu vergegenwärtigen und überlege mir Situationen, wo ich es ganz konkret üben kann.«
- *Checktermine nutzen:* Laden Sie Ihren Coachee ein, sich in bestimmten Abständen die Zeit zu nehmen, das eigene Verhalten zu reflektieren. Was hat geklappt? Wo ist die Gefahr, in alte Muster zurückzuverfallen?

- *Unterstützungssystem aufbauen:* Wer kann den Coachee unterstützen? Vielleicht ein eingeweihter Kollege, der immer mal wieder Feedback gibt, vielleicht die Assistentin?

LITERATURTIPPS

Anregungen zur Evaluation von Coaching finden Sie bei:

- Berger, M./Hardeland, H. (2017): Coaching und Beratung evaluieren. 36 Impulskarten mit Workbook für die eigene Professionalisierung. Weinheim und Basel: Beltz
- König, E./Volmer, G. (2019): Handbuch Systemisches Coaching. Für Coaches und Führungskräfte, Berater und Trainer. 3. Auflage. Weinheim und Basel: Beltz
- Rauen, C. (2017/2018): Coaching-Tools. Drei Bände. Bonn: managerSeminare (www.coaching-tools.de)

Das Coachingsystem

In den letzten beiden Kapiteln haben wir den Blick auf den Coachingprozess gerichtet, wobei GROW als die Struktur des Problemlösungsprozesses die Grundlage bietet. Doch es gibt noch eine andere Perspektive, die im Rahmen des systemischen Coachings wichtig ist: das Coachingsystem.

BEISPIEL: ES KLEMMT IM COACHINGSYSTEM

Frau Scholler ist Schulleiterin und hat Probleme mit ihrem Kollegium. Sie wird schon seit einiger Zeit von Jörg Habel gecoacht. Mittlerweile hat Jörg Habel jedoch den Eindruck, dass es nicht vorwärtsgeht. Zwar laufen die Coachingprozesse rund, und Frau Scholler findet stets Lösungen. Coachee und Coach sind guten Mutes. Aber im nächsten Gespräch stellt sich heraus, dass nichts umgesetzt ist, Frau Scholler erzählt nur, dass nichts klappt und alles ohnehin aussichtslos sei. Dabei hatten die Gespräche doch eine klare Struktur.

Vielleicht kennen Sie das aus eigenen Erfahrungen: Manchmal gerät der Coachingprozess ins Stocken. Es geht nicht vorwärts, irgendwie sind Coachee und Coach frustriert. Und das, obschon die Struktur der Gespräche immer klar war, verschiedene Ideen gesammelt und ein Ergebnis erzielt worden ist. Hier lohnt es sich, die Perspektive zu wechseln und die Aufmerksamkeit weniger auf den Prozess, sondern auf das Coachingsystem zu richten. Coach und Coachee bilden ein gemeinsames soziales System:

- *Es gibt Personen,* in diesem Fall den Coach und Coachee. Manchmal spielen weitere Personen im Coachingsystem eine Rolle. Im Beispiel stellte sich heraus, dass eine andere Person relevant war: der Ehemann von Frau Scholler, der immer wieder betonte, dass die Schule doch »pathologisch« sei und sie ohnehin nichts machen könne.

- *Die subjektiven Deutungen der Personen:* In unserem Beispiel vermutlich beim Coachee »das bringt doch nichts« und beim Coach das Gefühl, auf der Stelle zu treten.
- *Die Regeln des Coachingsystems.* Dazu gehören zum Beispiel die Regeln des Brainstormings, aber auch die Regel über Vertraulichkeit.
- *Regelkreise:* Diese sind im Beispiel augenfällig. Frau Scholler und Herr Habel haben sich in einem Regelkreis verfangen: »Wir erarbeiten nächste Schritte, aber Frau Scholler setzt nichts um.« Es können weitere Regelkreise entstehen: Der Coach macht einen Vorschlag, Coachee folgert mit »Ja, aber …«. Oder das Ziel wird aus den Augen verloren, es ist keine klare Struktur mehr im Prozess erkennbar.
- *Die Systemgrenze:* Deutlich wurde, dass die Systemgrenze zwischen Frau Scholler und ihrem Mann in Bezug auf das Coachingsystem durchlässig ist. Obwohl Herr Scholler nicht am Coaching teilnimmt, beeinflusst er den Prozess ganz entscheidend.
  Relevant ist zudem die Systemgrenze zwischen Coach und Coachee. Wenn Sie als Coach selbst vom Problem betroffen sind, dann können Sie keine professionelle Distanz halten. Es fehlt eine klare Abgrenzung. Oder aber die Empfindungen des Coachee »überrollen« Sie; oder Sie übernehmen sein Bild der Wirklichkeit und bilden Koalitionen mit ihm. All dies deutet darauf hin, dass die Systemgrenze nicht mehr klar vorhanden ist.
- *Vorgeschichte und Entwicklung:* Im Beispiel stellte sich heraus, dass Frau Scholler schon mehrmals Coaching in Anspruch genommen hatte, »was aber alles nichts brachte«. Deutet sich da möglicherweise ein weiterer Regelkreis an? Coaching wird aufgenommen – und dann wieder abgebrochen, »weil es nichts bringt«.

Erfolgreiches Coaching, so lässt sich allgemein formulieren, setzt ein stabiles Coachingsystem voraus. Störungen im Coachingprozess sind Störungen in einem System. Der Abbruch des Coachingprozesses ist nichts anderes als der Zusammenbruch eines sozialen Systems. Für Sie als Coach bedeutet das, die Aufmerksamkeit auch auf das Coachingsystem zu richten und bei Bedarf hier anzusetzen.

DAS COACHINGSYSTEM	
DIAGNOSE DES COACHINGSYSTEMS	**MÖGLICHE INTERVENTIONEN**
Personen: • Wer gehört zum Coachingsystem? • Über Coach und Coachee hinaus: Wer beeinflusst den Coachingprozess zusätzlich maßgeblich?	• andere Personen einbeziehen oder sie mehr ausgrenzen
Subjektive Deutungen: • Was denken die beteiligten Personen über sich, den anderen, den Prozess? • Was sind Ihre Empfindungen?	• subjektive Deutungen klären • die eigenen subjektiven Deutungen verändern • den anderen unterstützen, seine subjektiven Deutungen zu klären
Regeln: • Welche Regeln gelten im Coaching? • Sind die Regeln klar, sinnvoll?	• gegebenenfalls Regeln verändern
Regelkreise: • Gibt es hinderliche Regelkreise?	• hinderliche Regelkreise unterbrechen
Systemgrenzen und Systemumwelt: • Wie ist die Grenze zu anderen sozialen Systemen? Ist sie zu geschlossen, zu durchlässig, ist sie unklar? • Ist die Systemgrenze zwischen Coach und Coachee gewahrt? Fällt der Coach »ins System?« • Wie ist die Systemumwelt? (Einrichtung des Coachingraums, Sitzposition, Technik)	• die Systemgrenze durchlässiger, geschlossener oder eindeutiger machen • sich die eigene Rolle als Coach bewusst machen • gegebenenfalls die materielle, technische Umwelt anders einrichten

Entwicklung: • Was ist die Vorgeschichte des Coachings? • Wie ist der bisherige Verlauf des Prozesses?	• die Vorgeschichte mit dem Coachee reflektieren • zwischen Bewahren und Verändern ausbalancieren

Was das im Einzelnen bedeuten kann, dazu finden Sie im folgenden zweiten Teil weitere Hinweise.

Im Beispiel gab den Anstoß, über das Coachingsystem nachzudenken, das »Bauchgefühl«: Jörg Habel hatte das Gefühl, auf der Stelle zu treten. Er nahm sich Zeit, sein eigenes Coachingsystem zu analysieren. Daraus resultierten zwei Interventionen:

- Er sprach den Regelkreis bei seinem Coachee an und verdeutlichte: »Wir treten hier auf der Stelle.«
- Und als weitere Intervention erweiterte er das Coachingsystem: Die nächste Sitzung wurde mit Frau Scholler und ihrem Ehemann zusammen durchgeführt. Und daraus eröffneten sich neue Aspekte.

Unser Tipp: Nehmen Sie sich bei der Nachbereitung Ihres Coachings die Zeit, über Ihr Coachingsystem zu reflektieren. Ist es ein stabiles und arbeitsfähiges System? – Oder ist das Coaching durch Störungen im Coachingsystem belastet?

Möglicherweise kann es hilfreich sein, das Coachingsystem und Ihre Rolle in diesem System in Ihrer eigenen Supervision zu reflektieren – Sie haben dann besser die Möglichkeit, Ihr Coachingsystem »von außen« zu betrachten.

Teil 2

Systemisches Coaching: Der Blick über den Tellerrand

Systemisches Coaching – so hatten wir eingangs festgestellt – bedeutet, den Blick auf das soziale System zu richten. Soziale Systeme sind – wie wir dargelegt haben – durch folgende Merkmale gekennzeichnet:

- die handelnden Personen
- ihre subjektiven Deutungen, also ihre Gedanken und Empfindungen
- Regelkreise, immer wiederkehrende Verhaltensmuster
- offene und verdeckte soziale Regeln, die festlegen, was man im sozialen System tun soll, darf oder nicht darf
- die Umwelt und die Systemgrenze zu anderen sozialen Systemen
- die Entwicklung des sozialen Systems

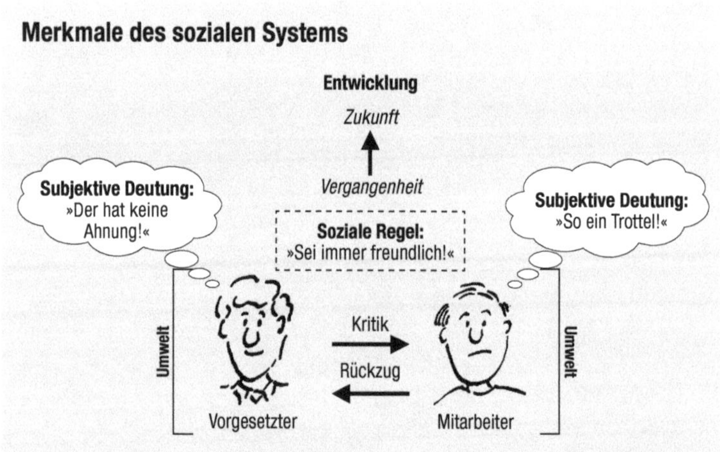

Was das für die Coachingpraxis bedeutet und wie Sie als Coach dabei vorgehen können, wird in den folgenden Kapiteln ausführlich dargestellt.

Wer hat die Fäden in der Hand? Die Personen des sozialen Systems

BEISPIEL: DIE PERSONEN DES SOZIALEN SYSTEMS

Herr Röder fängt als neue Führungskraft in einem kleinen Unternehmen an. Bisher hatte er Kontakt zum Geschäftsführer, zur Personalabteilung und zu einer Kollegin, Frau Stein. Jetzt ist er doch recht nervös: Wie werden seine neuen Kolleginnen und Kollegen auf ihn reagieren, welche Stellung wird er im Unternehmen haben? Und er fragt sich: Wer sind die Personen, die etwas zu sagen haben? Wer zieht im Hintergrund die Fäden? Wen muss er mit einbeziehen, wenn es um das Voranbringen bestimmter Themen geht? Wie wird seine Beziehung zu seinen Teammitgliedern werden – sicherlich wird er mit manchen enger zusammenarbeiten, mit anderen weniger eng. Wie schafft er es, alle im Blick zu behalten?

All dies sind Fragen, die sich auf die anderen Personen des sozialen Systems beziehen, auf die Beziehung zu diesen Personen und darauf, wer bei bestimmten Themen wichtig ist, »wer die Fäden in der Hand« hat. Dabei gibt es die Personen, die ganz offiziell bei einem Thema involviert sind, es gibt aber auch Personen, die im Hintergrund die Fäden ziehen und vielleicht auf den ersten Blick gar nicht erkennbar sind, auf das Thema oder Problem aber einen großen Einfluss haben.

Daraus ergibt sich eine erste Aufgabe für systemisches Coaching: den Coachee zu unterstützen, die Aufmerksamkeit auf die relevanten Personen des sozialen Systems zu richten. Zwei unterschiedliche Methoden möchten wir Ihnen hier vorstellen: die Stakeholderanalyse und die Systemvisualisierung.

DIE STAKEHOLDERANALYSE

Herr Röder nutzt das nächste Gespräch mit seinem Coach um anhand einer Stakeholderanalyse Klarheit über die anderen Personen im sozialen System zu bekommen und Ideen zu entwickeln, wie er mit ihnen umgehen kann. Die Stakeholderanalyse ist ein recht analytisches Instrument, die Personen, die Einfluss auf eine bestimmte Fragestellung haben, in den Blick zu nehmen. Bewährt hat sich hierfür die Form einer Tabelle.

STAKEHOLDER	INHALTLICHE UND PERSÖNLICHE ZIELE DES STAKEHOLDERS	TYPISCHES VERHALTEN	IDEEN FÜR DAS EIGENE VORGEHEN
Herr Buwe (Bereichsleiter)	Er will sein Unternehmen erfolgreich voranbringen; ist Entscheider; möchte mit Herrn Röder neue Ideen und Konzepte umsetzen.	Er ist ein Macher; will sehen, dass sich etwas verändert; wird ungeduldig, wenn er das Gefühl hat, es geht nicht voran.	Ihn auf jeden Fall in die Weiterentwicklung der Themen und Entscheidungen einbeziehen; aufzeigen, dass etwas vorwärtsgeht.
Herr Himmel (Betriebsratsvorsitzender)	Er steht hinter dem Thema; will das Thema voranbringen, um den Mitarbeitern zu zeigen: Wir tun etwas!	Er hinterfragt das Thema immer wieder; findet konstruktive Ideen; will eingebunden sein und gefragt werden.	Seine Anregungen und Hinweise ernst nehmen; regelmäßigen Austausch pflegen, zum Beispiel beim Mittagessen.
Frau Frey (Kollegin)	…	…	…
Herr Maurer (Mitarbeiter)	…	…	…

Unser Tipp: Sicherlich gibt es bei vielen Themen ganz viele Stakeholder, die man in den Blick nehmen könnte. Erstellen Sie zunächst eine Übersicht über die relevanten Stakeholder. Mehr als zehn bis zwölf sollten es nicht sein, sonst verlieren Sie den Überblick. Manchmal lassen sich Gruppen zusammenfassen oder typische Personen aus Gruppen herausgreifen.

Ebenfalls wichtig ist die zweite Spalte, um sich die Ziele der anderen Personen bewusst zu machen. Dabei sind es nicht unbedingt die offiziellen Ziele, sondern vor allem die persönlichen Ziele, die das Handeln beeinflussen: Will der Betreffende seinen Einfluss vergrößern? Will er Karriere machen? Oder einfach möglichst wenig Arbeit haben?

Spalte drei gibt Hinweise auf typische Verhaltensweisen (wenn diese bewusst sind, kann ich besser mit der Person umgehen).

Spalte vier ist ein Ideenspeicher für die Möglichkeiten, was ich in Bezug auf diese Person tun könnte.

Sicher, die Stakeholderanalyse basiert auf Ihrer subjektiven Einschätzung. Aber wenn Sie die betreffende Person kennen, ist sie meist recht zuverlässig und gibt eine gut strukturierte Übersicht, welche Ziele die relevanten Personen haben und welche Handlungsmöglichkeiten sich in Bezug auf diese Person ergeben. Im Coachinggespräch begleitet der Coach seinen Coachee durch diese Tabelle, fragt nach, wer die relevanten Personen sind, bringt aber auch Ideen für den Umgang mit dieser Person ein. Zum Ende des Gesprächs gehört auch hier die Frage: »What next?« Was bedeuten diese Erkenntnisse nun für den Coachee und was sind seine nächsten Schritte?

PERSONA

Eine Variante zu dieser Form der Stakeholderanalyse ist das aus dem Design Thinking geläufige Konzept der »Persona«. Dabei wird der

Stakeholder nicht nur rational beschrieben, sondern man versucht, sich intuitiv und emotional in die Person zu versetzen – und macht sich gerade dadurch häufig zusätzliche wichtige Aspekte bewusst. Man kann das in Form einer Übersicht darstellen:

<table>
<tr><th colspan="3">PERSONA</th></tr>
<tr><td>Name, Funktion, Alter</td><td rowspan="3">Wie sieht die Person aus?
Malen Sie ein Bild oder kleben Sie ein Foto hierher</td><td>Typische Eigenschaften</td></tr>
<tr><td>Ausbildung, Beruf</td><td>Typische Aussagen</td></tr>
<tr><td>Privatleben, Hobbys</td><td>Was würde die Person zu dieser Situation sagen?</td></tr>
<tr><td>Was bewegt diese Person? Was treibt sie an?</td><td></td><td>Was ist ihr wichtig?</td></tr>
<tr><td colspan="3">Ideen für das eigene Vorgehen:</td></tr>
</table>

THEORETISCHER HINTERGRUND

Der Begriff »Stakeholder« kommt aus dem Englischen und bedeutet so etwas wie Anspruchsbesitzer – also Menschen, die ein Interesse am Verlauf oder Ergebnis eines Projekts haben. In den 1960er-Jahren wurde der Begriff von Edward E. Freeman in die Organisationstheorie eingeführt. Stakeholder sind demnach die »Individuen oder Gruppen, die die Ziele einer Organisation beeinflussen können oder die von deren Zielerreichung betroffen sind« (Freeman 1984, S. 25). Stakeholdermanagement ist ein wichtiger Erfolgsfaktor bei Strategieprozessen in Organisationen und im Projektmanagement (zum Beispiel Kerth/Asum/Stich 2015).

DIE SYSTEMVISUALISIERUNG

Ein ganz anderer Blickwinkel auf die Personen des sozialen Systems ist die Systemvisualisierung. Sie beginnt, wie die Stakeholderanalyse, mit einer Auflistung der relevanten Personen, nutzt dann aber das emotionale Denken, um die Position der jeweiligen Stakeholder bildlich darzustellen. Das Coachinggespräch folgt dabei wieder den vier Phasen des GROW-Prozesses.

GOAL (ORIENTIERUNGSPHASE): Das Vorgehen entspricht dem in sonstigen Coachinggesprächen:

- *Kontakt* zum Coachee aufbauen
- *Thema festlegen:* Worum geht es dem Coachee heute?
- *Coachingziel festlegen:* Was genau möchte der Coachee als Ergebnis des Gesprächs mitnehmen?
- *Orientierung über das methodische Vorgehen geben:* Die Systemvisualisierung ist zunächst ein ungewöhnliches Verfahren. Von daher macht es Sinn, dem Coachee kurz zu erklären, was hinter der Methode steckt, zum Beispiel: »Sie möchten heute Klarheit

über Ihre Position in Ihrem System haben. Dafür schlage ich Ihnen vor, Ihre Position in Bezug zu den anderen Personen bildlich darzustellen. Sie können dann sozusagen von oben darauf schauen.« Gegebenenfalls können Sie das durch Hinweise über emotionales Denken unterstützen.

Vermutlich kann sich Ihr Coachee wenig zu dem Vorgehen vorstellen. Aber er wird sich darauf einlassen, wenn Vertrauen zwischen Coach und Coachee besteht.

REALITY (KLÄRUNGSPHASE): Im ersten Schritt werden mit Blick auf das Ziel die relevanten Personen identifiziert: »Wer spielt im Hinblick auf das Ziel eine Rolle?«. Herr Röder nennt die Namen der Personen, der Coach schreibt diese auf runde Karten. Wichtig: Er schreibt zudem eine Karte für Herrn Röder, denn dieser ist ebenfalls Teil des Systems. Es geht darum, seine Position im sozialen System zu klären.

Im zweiten Schritt schildert der Coachee kurz die einzelnen Personen. Die Frage »Welche drei Schlagworte fallen Ihnen zur Person ein?« reicht meist schon aus – sie hilft, die Aufmerksamkeit auf den jeweiligen Stakeholder zu fokussieren.

Der nächste Schritt besteht darin, die Karten intuitiv mit Blick auf Nähe und Distanz auf dem Tisch anzuordnen. Dabei geht es nicht um das Organigramm, sondern um die jeweiligen Beziehungen zueinander. Engere Beziehung bedeutet größere Nähe der Karten zueinander, schlechtere oder gar keine Beziehung bedeutet größeren Abstand. Wichtig ist dabei, sich auf die Intuition, das eigene Gefühl zu verlassen. Deshalb fragt der Coach Herrn Röder: »Schauen Sie es sich noch einmal von oben an, ist es so stimmig? Stimmt vom Gefühl her der Abstand?« Häufig werden die Karten dann nochmals etwas verschoben.

Das folgende Bild stellt nun die Ist-Situation dar. So erlebt Herr Röder seine jetzige Position.

Systemvisualisierung

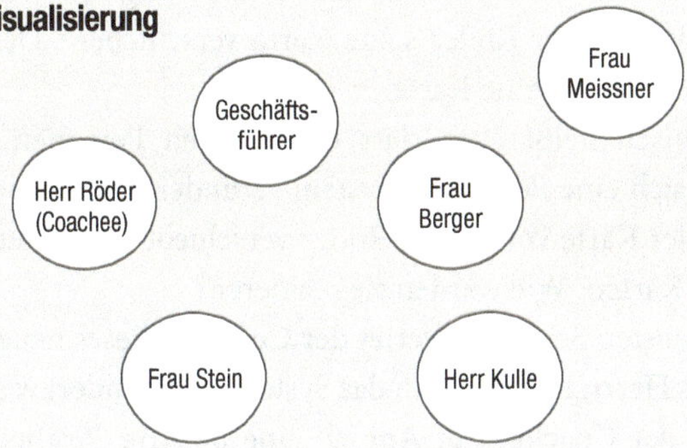

Der Blick auf die Systemvisualisierung erzeugt Klarheit: Herr Röder erkennt, dass er einen guten Draht zum Geschäftsführer und seiner Kollegin Frau Stein hat, dass er aber noch weiter weg ist von seinem Team, vor allem von Frau Meissner.

Als Coach unterstützen Sie Ihren Coachee, diese Klarheit zu fokussieren: »Wenn Sie sich das Bild jetzt anschauen, wie geht es Ihnen damit? Was geht Ihnen durch den Kopf?« Daraus ergibt sich die Überleitung in die Lösungsphase, denn häufig weisen die Erkenntnisse der Klärungsphase schon auf Möglichkeiten für Veränderungen hin.

OPTIONS (LÖSUNGSPHASE): Bei der Suche nach Handlungsmöglichkeiten gibt es zwei unterschiedliche Möglichkeiten. Ausgehend von der Ist-Situation kann Herr Röder überlegen, welche Schritte er gehen kann, um die Situation zu verändern. Oder aber Herr Röder entwickelt das Bild einer Idealsituation (»Wie würde Ihre ideale Situation aussehen?«) und überlegt dann, wie diese Situation erreicht werden kann. Wichtig ist aber: Nur der Coachee kann etwas tun, die anderen sind nicht dabei und haben möglicherweise gar kein Interesse, etwas zu verändern. Diesen Blickwinkel hat die erste Variante stärker im Fokus, deshalb beschreiben wir hier dieses Vorgehen:

- Der erste Schritt ist die bildliche Veränderung der Situation: Wohin könnte Herr Röder seine Karte verschieben? Der Coachee verschiebt nun seine Karte.
- Systemisch heißt aber, dass die anderen Personen reagieren, wenn sich eine Person im System verändert. Nach der Veränderung der Karte von Herrn Röder verschiebt er nun auch die anderen Karten: Wie werden sie reagieren?
- Im nächsten Schritt bewertet der Coachee dieses neue Bild: Wie geht es Herrn Röder, wenn das System so verändert wäre? Häufig findet der Coachee auf Anhieb eine positive Position. Manchmal müssen aber verschiedene Wege ausprobiert werden, bis der Coachee die für ihn beste Lösung gefunden hat. Dafür werden die Karten wieder in die Ist-Situation gelegt, und Herr Röder kann anhand der Karten andere Schritte ausprobieren. Ergebnis kann aber auch sein, dass es keine gute Lösung gibt. Dann geht es darum, mit dieser Erkenntnis zu arbeiten: »Und wenn Sie jetzt feststellen, dass es keinen guten Weg für Sie gibt. Was bedeutet das jetzt für Sie?«
- Zum Schluss wird die intuitiv gefundene und bildlich dargestellte Lösung auf die Ebene der Realität übertragen: »Was heißt das konkret für Sie, wenn Sie Ihre Position so verändern möchten?«

WHAT NEXT (ABSCHLUSSPHASE): Die Abschlussphase entspricht dem normalen Coachinggespräch:

- Was nehmen Sie als Ergebnis mit?
- Wie gehen Sie konkret vor?
- Was sind Ihre nächsten konkreten Schritte?
- Gibt es Kontrakte, die zu vereinbaren sind?

Unser Tipp: Die Systemvisualisierung ist ein sehr wirksames Vorgehen. Der Wert liegt darin, dass es das emotionale Denken des Coachees nutzbar macht und gerade damit häufig zu neuen kreativen Lösungen führt. Achten Sie darauf, dass Ihr Coachee beim Bild bleibt und nicht anfängt, die reale Situation zu erzählen. Richten Sie als Coach Ihre Aufmerksamkeit auf den Prozess und Ihren Coachee, nicht auf den Inhalt. Konzentrieren Sie sich auf das Bild, arbeiten Sie mit dem Bild und richten Sie Ihre Antennen auf die Emotionen des Coachees, begleiten Sie Ihren Coachee, indem Sie zum Beispiel mit ihm gemeinsam das Bild von der anderen Seite anschauen, mit ihm gemeinsam auf die Karten schauen, aber ihn die Karten legen und verschieben lassen.

LITERATURTIPPS

- Günther, E. (2018): Stakeholder Management. Ökologieorientiertes Management. Konstanz: UTB
- Breiner, G./Polt, W. (2016): Lösungen mit dem Systembrett. 2. Auflage. Münster: Ökotopia

Anregung zur Weiterarbeit: Sie können eine Systemvisualisierung für sich allein (oder mit einem Gesprächspartner) ausprobieren. So lernen Sie die Methode kennen und bekommen ein Gespür für die wichtigen Punkte. Wählen Sie sich eine konkrete Situation, zum Beispiel eine Situation in Ihrem Team oder Ihre Position in Bezug auf ein Kundensystem. Führen Sie nun die Systemvisualisierung durch wie beschrieben.

Die Landkarte ist nicht die Wirklichkeit

»SUBJEKTIVE DEUTUNGEN« IM COACHING

BEISPIEL: BIN ICH ABTEILUNGSLEITERIN ODER ASSISTENTIN?

Frau Wunder ist seit einem halben Jahr Abteilungsleiterin in der Firma Dolbeck. Früher war sie Assistentin des Vorstands, Frau Schneider. Sie hatten ein gutes Verhältnis. Doch jetzt ist sie verunsichert: Sie hat den Eindruck, dass Frau Schneider sie immer noch als ihre Assistentin sieht und mit allen möglichen Aufgaben an sie herantritt, zugleich mit ihrer Arbeit als Abteilungsleiterin unzufrieden ist und sie unterschwellig immer wieder kritisiert. Sie überlegt sich, was sie wohl falsch gemacht hat. Frau Wunder schwankt zwischen Verunsicherung, Ärger und Hilflosigkeit.

»Nicht die Dinge, sondern die Meinungen über diese beunruhigen die Menschen«, schreibt der römische Stoiker Epiktet um 100 n. Chr. Genau das ist hier der Fall: Frau Wunder zerbricht sich die ganze Zeit den Kopf, malt sich das Schlimmste aus – und genau das führt zu Verunsicherung, Ärger und Hilflosigkeit. Es sind unsere Gedanken und unsere Gefühle, die unser »Bild« der Wirklichkeit bestimmen und unser Handeln leiten. Und damit werden die »subjektiven Deutungen« zu einem Thema im Coaching: den Coachee zu unterstützen, sich sein Bild der Wirklichkeit, sich seine Gedanken und Gefühle in dieser Situation bewusst zu machen, sie zu reflektieren und gegebenenfalls zu korrigieren. Verschiedene Vorgehensweisen dazu möchten wir Ihnen im Folgenden darstellen.

DER BLICK AUF DAS POSITIVE

Frau Wunder sieht nur das Negative an ihrer Situation. Sie erinnert sich an Momente, in denen sie von ihrer Chefin immer noch als Assistentin behandelt wurde. Aber sie übersieht dabei die positiven Aspekte, dass sie es geschafft hat, Führungskraft zu werden, dass sie bei ihrem Team mittlerweile anerkannt ist.

Theoretisch wissen wir, dass jede Situation nie nur negative Aspekte, sondern stets sowohl negative als auch positive hat. Vielfach haben wir aber nur eine Seite im Blick. Coaching bedeutet dann, den Coachee zu unterstützen, nicht nur negative, sondern auch positive Aspekte in den Blick zu nehmen.

METHODE: DEN BLICK AUF DAS POSITIVE LENKEN

Starke Fragen, die den Blick auf das Positive lenken:

- Was ist das Positive an dieser Situation?
- Was war heute, in dieser Woche positiv? Was haben Sie geschafft? Was war Ihr Beitrag, dieses Positive zu erreichen?
- Was ist das Positive am Einwand, an der Kritik?
- Was schätzen Sie an sich, an Ihrer Arbeit, an Ihrer Organisation, an einem Kollegen?
- Wie lässt sich eine schwierige Situation mit anderen, positiven Begriffen beschreiben (zum Beispiel als Herausforderung)?
- Welchen Nutzen hat dieses Verhalten (für Sie, für andere)? Was gewinnen Sie dadurch?
- Welche positiven oder zumindest nachvollziehbaren Ziele könnten hinter dem Verhalten des anderen stehen?
- Was würde Ihnen fehlen, wenn die Situation anders wäre?

Eine zweite Möglichkeit ist, dass Sie als Coach die Situation einfach positiv kommentieren: »Im Grunde ist Ihre Chefin doch für Sie die Lernchance, mit solchen Situationen zurechtzukommen.« Wichtig ist, dass Sie anschließend nicht diskutieren. Lassen Sie Ihre Deutung der Situation einfach stehen und geben Sie Ihrem Coachee Zeit, darüber nachzudenken, ob da nicht etwas dran sein könnte.

Ein Konzept, in dem die positive Umdeutung einer Situation besonderes Gewicht hat, ist die Positive Psychologie im Anschluss an Martin Seligman. Die Positive Psychologie zeigt verschiedene Ansatzpunkte auf, den Blick auf das Positive zu richten. Zwei schöne Übungen möchten wir Ihnen hier vorstellen, die Sie auch gut im Coaching nutzen können.

METHODE: DANKBARKEITSTAGEBUCH

Sich bewusst zu machen, worüber wir dankbar sein können, lenkt wieder unseren Blick auf das Positive. Laden Sie Ihren Coachee zu folgender Übung ein: Führen Sie ein Dankbarkeits-Tagebuch. Nehmen Sie sich einmal in der Woche Zeit, mit der Frage »Wofür bin ich in meinem Leben dankbar?« einen schriftlichen Rückblick auf die Woche zu halten (Blickhan 2018, S. 36).

STÄRKENGESPRÄCH

Häufig nehmen wir vor allem das wahr, was nicht so gut gelungen ist. Richten wir aber unseren Blick auf die Stärken, sehen wir, was wir alles geschafft haben. Unterstützen Sie Ihren Coachee, sich seiner Stärken bewusst zu werden:

- Erzählen Sie über Verhaltensweisen oder Aktivitäten aus der Vergangenheit. Worauf sind Sie stolz? Was haben Sie gut gemacht?
- Berichten Sie über die Gegenwart: Was gelingt Ihnen im Moment richtig gut? Was gibt Ihnen im Moment Energie?
- Blicken Sie in die Zukunft: Worauf freuen Sie sich in der nächsten Woche oder im nächsten Monat?

Lassen Sie Ihren Coachee zu diesen Fragen Geschichten erzählen – je mehr er erzählt, umso stärker wird sein Blick auf die Stärken gerichtet und die damit einhergehenden positiven Emotionen erlebt (in Anlehnung an Blickhan 2018, S. 102).

PERSPEKTIVWECHSEL

Jede Person hat eine spezifische Perspektive. Jede sieht bestimmte Aspekte, blendet aber andere aus. Verschiedene Personen haben unterschiedliche Perspektiven, die teilweise übereinstimmen, teilweise unterschiedlich sind. Dieses Prinzip der »Beobachterperspektive« ist einer der Grundsätze systemischen Denkens. Frau Wunder sieht nur, dass sie immer noch wie die frühere Assistentin behandelt wird – und blendet damit zum Beispiel die Erfolge aus, die sie in ihrer neuen Position erzielt hat. Frau Schneider sieht die Situation vermutlich ganz anders: Sie erlebt Frau Wunder eher als verunsichert und manchmal verbohrt. Die Mitarbeiter von Frau Wunder haben wiederum eine andere Perspektive, ein außenstehender Beobachter (zum Beispiel der Coach) eine nochmals andere. Bildlich dargestellt:

Verschiedene Perspektiven

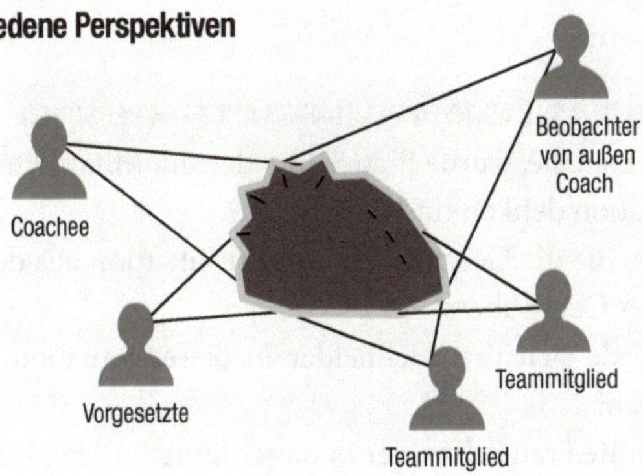

Coaching bedeutet hier, den Coachee zu unterstützen, die Situation aus einer anderen Perspektive, der des Gegenübers, möglicherweise auch aus der Perspektive eines neutralen Beobachters zu betrachten. Dafür möchten wir Ihnen verschiedene Möglichkeiten aufzeigen.

PERSPEKTIVWECHSEL DURCH ZIRKULÄRE FRAGEN: Das Grundprinzip ist hier, den Coachee nicht nach seiner Sichtweise, sondern nach der Sichtweise anderer Personen zu fragen. Dabei lassen sich folgende Fragearten unterscheiden.

METHODE: ZIRKULÄRE FRAGEN

FRAGEN NACH ANDEREN PERSONEN

- Was meinen Sie, welche Personen sind am kritischsten Ihnen gegenüber eingestellt?

FRAGEN NACH DEM VERHALTEN ANDERER PERSONEN:

- Was meinen Sie, wie würde Frau Schneider, wie würde Ihr Kollege in dieser Situation reagieren?
- Was meinen Sie, was würde ein Kollege in dieser Situation tun, sagen?
- Was würde ein Kollege, Ihr Mentor, würde Frau Schneider Ihnen empfehlen?

FRAGEN NACH DEN SUBJEKTIVEN DEUTUNGEN ANDERER PERSONEN:

- Was meinen Sie, würde Frau Schneider, ein Mitarbeiter … in dieser Situation denken und empfinden?
- Erzählen Sie die Geschichte zu dieser Situation aus der Perspektive Ihres Gegenübers!
- Was würde sich Frau Schneider in dieser Situation von Ihnen wünschen?
- Was könnte Frau Schneider in dieser Situation empfunden?

Unterstützt werden können diese zirkulären Fragen auf emotionaler Ebene zum Beispiel dadurch, indem Sie einen leeren Stuhl vor Ihren Coachee stellen: »Stellen Sie sich vor, auf diesem Stuhl sitzt Frau Schneider, was würde sie sagen?« Durch dieses Bild wird das emotionale Denken Ihres Coachees aktiviert: Er (oder sie) überlegt nicht nur, sondern fühlt sich in das Gegenüber ein. Grundsätzlich könnten Sie Ihren Coachee auch bitten, sich dazu auf den Stuhl des Gegenübers zu setzen – aber Vorsicht: das kann leicht tiefere Empfindungen aufdecken. Daher nur, wenn Sie sicher sind, Ihren Coachee dabei auch »auffangen« zu können.

PERSPEKTIVWECHSEL DURCH ANDERE PERSONEN: Wenn Frau Schneider Ihre Perspektive darstellen würde, ergäbe sich zweifelsohne ein anderes Bild. Das können Sie auch im Coaching umsetzen: Nicht nur mit Ihrem Coachee allein zu arbeiten, sondern ein Gespräch mit beiden (in diesem Fall Frau Wunder und Frau Schneider) zu führen. Das ist dann kein Einzelcoaching mehr, sondern ein Triadencoaching – wir beschreiben das Vorgehen im Abschnitt über Konfliktcoaching.

Eine Variante davon wäre, für einen Termin zum Beispiel einen Mitarbeiter Ihres Coachees einzuladen, der seine Sicht (oder die der Mitarbeiter) darstellt und wirklich nur für diesen Abschnitt anwesend ist – anschließend können Sie mit Ihrem Coachee weiterarbeiten, was er mit diesem Bild von außen macht.

Schließlich: Gelegentlich führen wir zudem Interviews (zum Beispiel mit der Vorgesetzten, einigen Kollegen und einigen Mitarbeitern des Coachees) durch, die wir dann inhaltsanalytisch auswerten, die Hauptergebnisse zusammenfassen und dem Coachee zurückspiegeln.

Unser Tipp: Wenn Sie eine Außenperspektive (durch das Gegenüber, durch andere Personen, durch Interviews) als Anstoß zum Perspektivwechsel einbeziehen, hüten Sie sich vor der Diskussion, wer recht hat. Machen Sie deutlich: Es handelt sich um unterschiedliche Perspektiven – und es ist hilfreich für Ihren Coachee, diese Perspektiven kennenzulernen. Was er damit macht, kann anschließend im Coaching bearbeitet werden – aber ist letztlich eine Entscheidung Ihres Coachees.

PERSPEKTIVWECHSEL DURCH DEN COACH: Sie als Coach haben ebenfalls eine andere Perspektive. Diese können Sie einbringen: »Darf ich aus meiner Sicht kommentieren?« Entscheidend ist, dass es als Ihre Sicht deutlich wird. Sie müssen mit Ihrer Sicht nicht recht haben, aber Sie können diese Ihrem Coachee als Anregung mitgeben. Und an Ihren Kommentar schließt sich dann wieder Prozessberatung an: »Wenn Sie das hören, was geht Ihnen dabei durch den Kopf?«

Von anderen Autoren im Kontext systemischer Beratung (z. B. Königswieser/Hillebrand 2011) wird in diesem Zusammenhang auf die Möglichkeit der Hypothesenbildung durch den Berater oder Coach hingewiesen. Natürlich können Hypothesen, die der Coach zur Situation aufstellt, einerseits den Anstoß geben, die Situation aus einer anderen Perspektive zu betrachten. Aber andererseits ist Hypothesenbildung keineswegs das Standardverfahren systemischer Beratung und systemischen Coachings, sondern eine Möglichkeit unter anderen.

Eine andere Form, als Coach einen Perspektivenwechsel anzustoßen, ist die Interpretation der Situation auf der Basis theoretischer Konzepte. Ein solches Konzept kann die Systemtheorie sein: Frau Wunder erklärt vermutlich die Situation auf der Basis eines Ursache-Wirkungs-Denkens: Die Ursache für das Problem liegt bei Frau Schneider, die sie immer noch als ihre Assistentin behandelt. Es ließe sich ganz einfach lösen: Frau Schneider müsste sich nur ändern. Hier kann der Hinweis auf die Systemtheorie den Anstoß zu einem Perspektivwechsel geben: Es gibt nicht nur die eine Ursache, sondern hier wirken zahlreiche Faktoren, die sich wechselseitig beeinflussen.

VOM OPFER ZUM GESTALTER

Frau Wunder hat sich bislang als Opfer gesehen: Frau Schneider ist schuld, sie ist deren Verhalten ausgeliefert. Doch stimmt dieses Bild? Ist Frau Wunder wirklich das arme unschuldige Opfer – oder hat sie nicht auch etwas dazu getan, dass es so gekommen ist? Doch wenn sie etwas dazu getan hat, dass es so wurde, hat sie auch Möglichkeiten, etwas zu ändern. Sie ist nicht wehrloses Opfer, sondern sie kann die Situation selbst gestalten. In der Psychologie spricht man hier von »Selbstwirksamkeitserwartung«: dem Glauben, aus eigener Kraft etwas gestalten zu können (z. B. Rammsayer/Weber 2016). Personen mit hoher Selbstwirksamkeitserwartung haben die Überzeugung, dass sie gestalten können, sie sind meist erfolgreicher und letztlich auch glücklicher und gesünder als Personen mit geringer Selbstwirksamkeitserwartung, die sich als Opfer und ausgeliefert fühlen.

Coaching kann hier den Anstoß geben, die Selbstwirksamkeitserwartung bewusst zu machen, zu reflektieren und zu verändern. Den Anstoß können starke Fragen geben – oder Sie stellen Ihre Anregungen als andere Perspektive in den Raum.

METHODE: ANSTOSS ZUR VERÄNDERUNG DER SELBSTWIRKSAMKEIT

FRAGEN, DIE DEN »EIGENEN ANTEIL« IN PROBLEMSITUATIONEN HERAUSARBEITEN

- Was haben Sie dazu getan beziehungsweise nicht getan, dass es sich so entwickelt hat?

- Auf einer Skala von 0 bis 100: Wo stehen Sie in Bezug auf das Problem? Was hat Ihnen geholfen, das zu erreichen, wo Sie stehen? Was können Sie machen, um zehn Punkte weiterzukommen?

FRAGEN, DIE VORHANDENE RESSOURCEN AKTIVIEREN

- Erinnern Sie sich an eine schwierige Situation, die Sie erfolgreich bewältigt haben: Wie haben Sie es geschafft? Was können Sie davon für die gegenwärtige Situation nutzen?
- Hatten Sie früher eine ähnliche Situation? Was hat Ihnen damals geholfen, diese Situation zu bewältigen?

Oder Sie können »wertschätzend provozieren«: »Wenn Sie das so erzählen, kann ich überhaupt nicht verstehen, wie Sie es geschafft haben, das Abitur zu bestehen oder überhaupt eine Stelle zu bekommen!« – meist fordern solche wertschätzenden Provokationen (wichtig ist dabei die Wertschätzung) den Widerspruch heraus: »Also, wenn ich mir etwas vornehme, dann schaffe ich das auch!«

Es ist unser Bild der Wirklichkeit, das unser Handeln beeinflusst. Dieses Bild der Wirklichkeit kann förderlich sein, es kann uns aber auch lähmen und im Negativen versinken lassen. Coaching, so hatten wir eingangs formuliert, bedeutet auch, eine Person zu unterstützen, die Situation aus einer anderen Perspektive zu betrachten, das Bild der Wirklichkeit zu verändern. Das bedeutet nicht, aus Schwarz Weiß zu machen. Wenn ihrem Coachee gekündigt wurde, dann bleibt das zunächst negativ. Aber trotzdem lohnt es sich zu fragen, welche Chancen diese Situation bietet, oder wie er es geschafft hat, andere schwierige Situationen zu bewältigen. Damit werden Energien freigesetzt, die ihm helfen, den Blick nach vorn zu richten und aktiv zu werden.

Anregung zur Weiterarbeit: Ihr Bild der Wirklichkeit zu verändern können Sie zunächst am besten bei sich selbst üben. Wenden Sie es (zumindest im Nachhinein) auf eine schwierige Situation, ein nicht erfolgreiches Gespräch, einen entgangenen Auftrag an. Fragen Sie sich zum Beispiel:

- Was könnten positive Aspekte dieser Situation sein?
- Was würde eine Freundin, Ihr Mentor Ihnen in dieser Situation raten?
- Was hat Ihnen geholfen, ähnliche Situationen in der Vergangenheit zu bewältigen? Was davon können Sie für die Gegenwart nutzen?

Eine zweite Möglichkeit: Sie können das Vorgehen in unterschiedlichen Situationen nutzen, zum Beispiel als Führungskraft oder Lehrer den Blick auf das Positive, das Erreichte richten oder unterschiedliche Perspektiven einholen (fragen Sie einfach verschiedene Personen).

Schließlich: Nehmen Sie sich das als besonderes Thema für Ihre nächsten Coachings vor. Achten Sie darauf, wie Ihr Coachee seine Situation beschreibt: Und wenn es passend ist, unterstützen Sie Ihren Coachee, dieses Bild zu verändern.

THEORETISCHER HINTERGRUND

Seit Mitte des 20. Jahrhunderts ist die Veränderung des Bildes der Wirklichkeit eine der zentralen Prinzipien von Psychotherapie und Beratung. So vertritt die kognitive Psychotherapie in der Tradition von Albert Ellis, Aaron Beck, Donald Meichenbaum oder Robert Leahy die These, dass Phobien oder Depression oft aus einem verzerrten Denken resultieren und propagieren verschiedene Vorgehensweisen der »kognitiven Umstrukturierung«.

Paul Watzlawick spricht in diesem Zusammenhang von der »sanften Kunst des Umdeutens« und verdeutlicht es am Beispiel von Tom Saywer, der die unangenehme Aufgabe, einen Zaun zu streichen, so positiv darstellt, dass er sich dafür bezahlen lässt (Watzlawick u.a. 2013, S. 135 ff.). Im Neurolinguistischen Programmieren wird dieses Umdenken »Reframing« genannt.

Insbesondere ist in diesem Zusammenhang auch die Positive Psychologie von Martin Seligman zu erwähnen, in der der Blick auf das Positive das zentrale Prinzip ist.

LITERATURTIPPS

- Schlippe, A. v./Schweitzer, J. (2016): Lehrbuch der systemischen Therapie und Beratung. Grundlagenwissen. Göttingen, Bristol: Vandenhoeck & Ruprecht
- Seligman, M. (2015): Wie wir aufblühen. Die fünf Säulen des persönlichen Wohlbefindens. 3. Auflage. Goldmann: München
- Willken, B. (2019): Methoden der kognitiven Umstrukturierung. Ein Leitfaden für die psychotherapeutische Praxis. 8. Auflage. Stuttgart: Kohlhammer

Ein Klassiker zur Lösungsorientierung:

- Shazer, S./Dolan Y. (2018): Mehr als ein Wunder. Lösungsfokussierte Kurztherapie heute. 6. Auflage. Heidelberg: Carl-Auer

Zur Positiven Psychologie und Tagebuch:

- Härtl-Kasulke, C. (2017): Mein Erfolgstagebuch. Weinheim und Basel: Beltz

EMOTIONEN ALS BOTSCHAFTEN: EMOTIONEN ERKENNEN, NUTZEN UND REGULIEREN

BEISPIEL: VON DER ASSISTENTIN ZUR FÜHRUNGSKRAFT

Erinnern Sie sich an das Beispiel zu Beginn dieses Kapitels: Frau Wunder fühlt sich in ihrer neuen Rolle total unsicher. Als Assistentin konnte sie ihre Chefin einschätzen, wusste intuitiv, wie sie sie zu nehmen hatte. Doch diese Sicherheit fehlt ihr in ihrer neuen Rolle: Sie hat kein Gefühl mehr dafür, was ihre Chefin eigentlich von ihr erwartet, fühlt sich verunsichert und ist verkrampft. Doch sind diese Empfindungen nicht überzogen?

In der Tradition der kognitiven Verhaltenstheorie spielten Emotionen bis in die 1970er-Jahre eine vergleichsweise geringe Rolle. Man richtete die Aufmerksamkeit auf die Gedanken und sah Emotionen eher als Reaktion auf Gedanken. Mittlerweile wissen wir aber, dass neben dem rationalen Denken das emotionale Denken gleichsam ein eigenes Signalsystem ist, das uns hilft, uns in der Welt zurechtzufinden. Vermutlich kennen Sie es: Es ist das, was man umgangssprachlich als »Bauchgefühl« bezeichnet, und das doch bisweilen zuverlässiger ist als umfangreiches Überlegen. Aber es gibt Situationen, in denen die Emotionen völlig überzogen oder verzerrt sind, der Situation nicht mehr angemessen.

Frau Wunder hatte früher offenbar ein gutes Bauchgefühl im Umgang mit ihrer Chefin. Sie spürte intuitiv, was diese wollte, wo sie ihr aber auch Kontra geben konnte. Doch hat sie dieses Bauchgefühl in der neuen Position verloren: Sie hat kein Gefühl mehr für die Situation, kann ihre Chefin nicht mehr richtig einschätzen. Aber das Gefühl der Verunsicherung dürfte der Situation nicht angemessen sein, sondern ist überzogen.

Damit werden Emotionen zu einem Thema im systemischen Coaching. Es gilt, Ihren Coachee zu unterstützen,

- Emotionen überhaupt wahrzunehmen,
- die Botschaft der Emotionen zu entschlüsseln,
- die Emotionen anderer wahrzunehmen,
- aber auch überzogene oder verzerrte Emotionen zu regulieren.

Was Sie hier als Coach benötigen, ist neben dem klassischen Vorgehen ein Stück mehr Expertenberatung: zum Beispiel können Sie Ihrem Coachee die Bedeutung der Emotionen verdeutlichen, möglicherweise konkrete Übungen durchführen, die Ihrem Coachee helfen, sein emotionales Denken zu nutzen.

DIE EIGENEN EMOTIONEN WAHRNEHMEN: Es gibt Menschen, die keinen Zugang zu ihren Emotionen haben. Viele sind so einseitig rational geschult, dass der Zugang zum Bauchgefühl fehlt. Da kann es Aufgabe im Coaching sein, Ihren Coachee zu unterstützen, eigene Emotionen überhaupt erst wahrzunehmen. Sie können Emotionen gezielt ansprechen, Sie können gezielt Übungen einfügen, um Ihren Coachee zu unterstützen, die eigenen Emotionen wahrzunehmen.

METHODE: DEN COACHEE DABEI UNTERSTÜTZEN, EIGENE EMOTIONEN WAHRZUNEHMEN

Eine erste Möglichkeit besteht darin, durch Fragen die Aufmerksamkeit auf Emotionen zu lenken:

- Wenn Sie das erzählen, was spüren Sie?
- Was könnte eine Metapher sein, die Ihre jetzigen Empfindungen ausdrückt?
- Erinnern Sie sich an Situationen, in denen Sie starke Emotionen hatten. Überlegen Sie: Wann haben Sie das Gefühl der Zuneigung, der Gelassenheit erlebt?

- Achten Sie auf Ihre Körperhaltung? Was spüren Sie? Was drückt diese Körperhaltung aus? Welche Empfindungen stehen dahinter?
- Überlegen Sie, welche Emotionen hinter Ihren Gedanken stehen.

Sie können sich auch in die Situation Ihres Gesprächspartners versetzen und versuchen, seine Empfindungen nachzuempfinden und beispielsweise sagen:

- »Wenn ich in Ihrer Situation wäre, dann ließe mich das nicht so gelassen, sondern ich wäre wütend – was empfinden Sie?«

In eine ähnliche Richtung zielt das aktive Zuhören in der Tradition von Carl Rogers und Thomas Gordon (zum Beispiel Gordon 2012). Es geht darum, die hinter den Äußerungen stehenden Empfindungen zu erfassen und mit einem Fragezeichen versehen (»stimmt das?«) dem Gesprächspartner zurückzuspiegeln: »Sie sind wütend, dass Sie immer noch als Assistentin behandelt werden?« Das (im Tonfall anklingende) Fragezeichen am Schluss gibt dem Gesprächspartner die Möglichkeit, zuzustimmen oder zu korrigieren: »Nein, eigentlich nicht wütend, sondern eher enttäuscht …« Und damit wird er seiner Empfindungen bewusst.

DIE BOTSCHAFT DER EMOTIONEN ENTSCHLÜSSELN: Emotionen sind Botschaften, die uns helfen, uns in der Welt zurechtzufinden, so lautet die Hauptthese der sogenannten Emotionsfokussierten Therapie, entwickelt unter anderem von Leslie S. Greenberg (2016). Emotionen können dabei einfache Stopp- oder Go-Signale sein: Ein gutes Bauchgefühl als Signal, du kannst jetzt weitergehen; ein schlechtes Bauchgefühl als Signal, halt, stopp, denke erst einmal darüber nach, bevor du den nächsten Schritt gehst.

Emotionen können zudem differenziertere Botschaften enthalten (z. B. Berking 2017). So kann Freude die Botschaft enthalten: »Du hast es geschafft!« Und das ist ein Signal, jetzt die Anspannung loszulassen. Angst kann bedeuten, dass die Gefahr besteht, etwas Wichtiges zu verlieren oder nicht zu erreichen. Damit ist Angst ein Signal, das weitere Vorgehen nochmals genauer zu durchdenken. Zuversicht ist die Botschaft »Du schaffst es« und mobilisiert damit die eigenen Kräfte.

Coaching bedeutet dann auch, den Coachee zu unterstützen, die Botschaft seiner Emotionen zu entschlüsseln und sich bewusst zu machen, was die Emotionen bedeuten.

METHODE: DEN COACHEE UNTERSTÜTZEN, DIE BOTSCHAFT DER EMOTIONEN ZU ENTSCHLÜSSELN

- Sie können die Emotionen an den Coachee zurückspiegeln: »Ich nehme wahr, Sie haben dabei kein gutes Gefühl.« Das führt in der Regel dazu, dass Ihr Coachee für sich selbst Klarheit entwickelt und dann weiter darüber nachdenkt.
- Bei emotionalen Botschaften wie »Halt« oder »Vorsicht« liegt es nahe, wieder auf die rationale Ebene zu wechseln: »Lassen Sie uns mögliche Risiken genauer betrachten.«
- Sie können auch auf der emotionalen Ebene weiterarbeiten, um hier eine Lösung zu erarbeiten. Da bietet sich zum Beispiel die Arbeit mit Symbolen und Bildern an, die wir im nächsten Abschnitt ausführlicher darstellen.

DIE EMOTIONEN ANDERER VERSTEHEN: Das schließt an das Thema Perspektivwechsel an, das wir bereits behandelt haben. Es ist gleichsam ein Perspektivwechsel auf emotionaler Ebene: Frau Wunder sieht ihre eigene Unsicherheit und ihre Enttäuschung bezogen auf die Situation mit der Chefin. Aber sie sieht nicht, welche Emotionen ihre Chefin, Frau Schneider im Moment hat. Das kann ebenfalls ein Ansatzpunkt sein, Ihren Coachee zu unterstützen, die Emotionen der anderen zu erfassen und dadurch einen Perspektivwechsel zu erzielen.

Sich auf andere einzustellen und deren Emotionen zu erfassen, verläuft dann im Grunde ähnlich wie der Perspektivwechsel, den wir beschrieben haben:

METHODE: PERSPEKTIVWECHSEL AUF EMOTIONALER EBENE: DIE EMOTIONEN DES GEGENÜBERS ERFASSEN

- Eine erste Möglichkeit besteht darin, durch starke Fragen Ihren Coachee anzuregen: »Was meinen Sie, würde Frau Schneider in dieser Situation empfinden?«
- Sie können das durch einen leeren Stuhl unterstützen (und aktivieren damit das emotionale Denken): »Stellen Sie sich vor, auf diesem Stuhl sitzt Frau Schneider. Beschreiben Sie, wie Sie schaut. Was mag sie empfinden?«
- Emotionen drücken sich in der Körperhaltung aus. Von daher kann es hilfreich sein, sich ansatzweise in die Körperhaltung des Gegenübers zu begeben: »Stellen Sie sich vor, wie Frau Schneider Ihnen gegenübersitzt. Versuchen Sie ansatzweise die gleiche Körperhaltung einzunehmen. Was meinen Sie, empfindet Frau Schneider?«
- Schließlich eine Übung, die wir gern in unseren Ausbildungen, aber auch im Coaching durchführen: Zwei Teilnehmer (oder Sie und Ihr Coachee) setzen sich gegenüber. Einer nimmt eine bestimmte Körperhaltung ein, der andere versucht, dazu eine passende Sitzposition einzunehmen. Es gibt immer eine passende Position, die sich durch einen klaren somatischen Marker (ein Signal, jetzt stimmt die Position) andeutet. Möglicherweise braucht Ihr Coachee einige Zeit, bis er die somatischen Marker wahrnimmt.

EMOTIONEN REGULIEREN: Emotionen sind Botschaften, die uns helfen, uns in der Welt zurechtzufinden. Aber Emotionen können auch übertrieben oder verzerrt sein. Denken Sie wieder an Frau Wunder: Sie fühlt sich gegenüber ihrer Chefin total verunsichert und hilflos.

Verunsicherung kann eine positive Botschaft sein: »Halt, denke erst einmal nach, wie du weiter vorgehst.« – Auf die Position von Frau Wunder bezogen: »Halt, denk erst einmal nach, wie du deine neue Rolle ausfüllst.« Offenbar hat Frau Wunder das gar nicht getan – und das Gefühl der Verunsicherung hat sich verselbstständigt.

Eben das ist das Kriterium zur Unterscheidung zwischen angemessenen und überzogenen, verzerrten Emotionen, also zwischen »adaptiven« und »maladaptiven« Botschaften. Eine adaptive Emotion tritt in einer konkreten Situation auf und verschwindet dann wieder, wenn die Situation bereinigt ist. Eine maladaptive oder verzerrte Emotion ist ein Dauerzustand. Hier ist Aufgabe im Coaching, Ihren Coachee zu unterstützen, solche maladaptiven Emotionen zu regulieren. Dafür haben Sie verschiedene Möglichkeiten.

METHODE: REGULIERUNG VERZERRTER EMOTIONEN IM COACHING

Eine erste Möglichkeit besteht darin, auf *rationaler Ebene* nach der Berechtigung dieser Emotion zu fragen:

- Sind Sie wirklich hilflos?
- Gab es nicht auch Situationen, wo Sie erfolgreich gegenüber Ihrer Chefin Ihre Position vertreten haben?
- Was nützt es Ihnen, sich gegenüber Ihrer Chefin hilflos zu fühlen?
- Was haben Sie dazu getan, dass Sie sich hilflos fühlen?

Auf *emotionaler Ebene* ist eine Möglichkeit, sich positive emotionale Situationen nicht nur rational, sondern auch emotional zu vergegenwärtigen:

- Erinnern Sie sich an eine konkrete Situation, in der Sie sich gegenüber Ihrer Chefin sicher gefühlt haben. Welches Bild kommt Ihnen? Was haben Sie gehört? Was haben Sie gefühlt?

Eine dritte Möglichkeit ist das sogenannte *Embodiment*. Dahinter steht die These, dass Empfindungen sich in der Körperhaltung ausdrücken – und dementsprechend die Veränderung der Körperhaltung zu einer Veränderung der Emotionen führt. Sie können Ihren Coachee auffordern, sich so hinzusetzen, wie er üblicherweise Frau Schneider gegenübersitzt, und dann die Körperhaltung verändern, bis er eine »passendere Position« gefunden hat. Sie können dann überlegen, wie sich das in Zukunft nutzen lässt – und veranlassen auf diese Weise Ihren Coachee, in Gesprächen sensibler zu sein, mehr auf die eigenen Empfindungen zu achten und emotional »angemessener« zu reagieren.

THEORETISCHER HINTERGRUND

Für Carl Rogers, den Begründer der klientenzentrierten Therapie und Beratung, ist Klarheit über die eigenen Emotionen die entscheidende Voraussetzung für das Lösen von Problemen. Aufgabe des Therapeuten, so Rogers, ist es, dem Klienten seine »emotionalen Erlebnisinhalte« widerzuspiegeln und damit bewusst zu machen – ein Ansatz, der durch seinen Schüler Thomas Gordon unter dem Begriff »aktives Zuhören« auf Alltagssituationen übertragen wurde.

Genau das bestätigt die neurobiologische Forschung der letzten 30 Jahre. Unser Gehirn arbeitet auf zwei unterschiedlichen Weisen: Der Neurobiologe Sperry hat dies in den 1960er-Jahren anhand der Split-Brain-Patienten erstmals formuliert (damals ging Sperry noch davon aus, dass unsere beiden Gehirnhälften unterschiedliche Aufgaben erfüllen). Kahnemans Buch »Schnelles Denken – langsames Denken« (Kahneman 2012), eine Aufarbeitung der einschlägigen Forschungen, macht deutlich, dass es tatsächlich unterschiedliche Verarbeitungsprozesse gibt. Kahneman schreibt hier vom schnellen und langsamen Denken: Das schnelle Denken bezieht sich auf die Intuition, die Gefühle, die spontanen Eindrücke. Das langsame Denken bezieht sich auf die rationalen Prozesse, die logischen Abwägungen, das rationale Denken. Kahneman hat in vielen Versuchen gezeigt, dass beides wichtig ist und wir bei Entscheidungen beide Informationssysteme berücksichtigen sollten. Verlassen wir uns nur auf das rationale Denken, ist dies in vielen Fällen zu kurz gedacht. Doch wenn wir uns nur auf die Emotionen verlassen, können diese uns in die Irre führen.

Antonio Damasio (Damasio 2010) führt in diesem Zusammenhang den Begriff der »somatischen Marker« ein. Alle Erfahrungen, so die These, werden in einem emotionalen Erfahrungsgedächtnis gespeichert, das dann unmittelbar emotionale Signale für die Bewertung einer Situation sendet. Aufgabe ist, diese Signale wahrzunehmen und mit der rationalen Bewertung einer Situation zu verbinden.

Ein weiterer Ansatz ist das Konzept der Spiegelneuronen (Rizzolatti 2012): Ausgangspunkt waren Beobachtungen an Makaken. Dabei stellte sich heraus, dass im Gehirn des Makaken die gleichen neuralen Prozesse ablaufen, egal, ob er ein Verhalten zeigt oder nur beobachtet. Die Nervenzellen, die beim Beobachten eines Vorgangs die gleichen Aktivitätsmuster zeigen wie bei der eigenen Aktivität, bezeichnet Rizzolatti als Spiegelneuronen. Spiegelneuronen, so die daran anschließende Vermutung, spielen beim Verstehen und beim Mitfühlen der Emotionen anderer Menschen eine entscheidende Rolle.

In diesem Kontext sind mittlerweile zahlreiche therapeutische Konzepte wie die Emotionsfokussierte Therapie, entwickelt von Leslie Greenberg und Sue Johnson, oder die Übertragungsfokussierte Therapie nach Otto F. Kernberg entstanden.

Für Coaching bedeutet dies:

- Beide Prozesse sind wichtig: das rationale, logische Bewerten einer Situation, aber eben auch die Wahrnehmung und Bewertung der Emotionen zu der Situation.
- Coaching heißt immer, den Coachee zu unterstützen, sich des emotionalen Denkens bewusst zu werden und es zu nutzen.

LITERATURTIPPS

- Bauer, J. (2016): Warum ich fühle, was du fühlst. Intuitive Kommunikation und das Geheimnis der Spiegelneurone. 24. Auflage. München: Heyne
- Damasio, A. (2019): Descartes' Irrtum. 6. Auflage. München: List
- Eismann, G./Lammers, C.-H. (2017): Therapie-Tools Emotionsregulation. Weinheim, Basel: Beltz
- Kahneman, D. (2016): Schnelles Denken, langsames Denken. 13. Auflage. München: Siedler
- Storch, M. (2018): Das Geheimnis kluger Entscheidungen. Von Bauchgefühl und Körpersignalen. 11. Auflage. München: Piper

SYMBOLE, METAPHERN UND GESCHICHTEN IM COACHING

BEISPIEL: VON DER ASSISTENTIN ZUR ABTEILUNGSLEITERIN

Bleiben wir bei unserem Eingangsbeispiel: Frau Wunder ist klar, dass sie ihre Rolle noch nicht gefunden hat. Sie versucht immer noch, aus ihrer alten Rolle heraus, ihrer Chefin alles recht zu machen. Sie müsste mehr Position beziehen. Das alles ist ihr klar, und sie nimmt es sich ständig vor – aber sie schafft es nicht!

Diese Situation ist ein typisches Beispiel dafür, wo rationales Denken an Grenzen stößt. Kognitiv ist ihr alles klar. Frau Wunder verfügt durchaus über Fähigkeiten, sich zu positionieren – bei ihren Mitarbeitern hat sie es hervorragend geschafft.

Wenn jemand sich etwas vornimmt, es aber trotzdem nicht schafft, dann deutet das in der Regel darauf hin, dass das Problem nicht an den Fähigkeiten, sondern doch eher an den Emotionen liegt. Irgendetwas in ihrem emotionalen Denken hindert Frau Wunder daran, ihr Verhalten zu ändern. Emotionales Denken ist kein Denken in Begriffen und logischen Verknüpfungen, sondern ein Denken in Bildern und Geschichten. Als Coach haben Sie die Möglichkeit, auf dieser Ebene unmittelbar anzusetzen, indem Sie Symbole oder Bilder nutzen oder mit Metaphern und Geschichten arbeiten. Eben das möchten wir Ihnen nun vorstellen. Zur Verdeutlichung bleiben wir bei unserem Beispiel und folgen der Gliederung nach dem GROW-Modell.

ARBEIT MIT SYMBOLEN UND BILDERN IM COACHING

GOAL (ORIENTIERUNGSPHASE): Als Ziel nennt Frau Wunder: »Ich möchte mich in meine neue Rolle einfinden.« Nachdem das Thema schon in den vergangenen Sitzungen (ohne großen Erfolg) besprochen war, schlägt Susanne Holz, Ihr Coach, ein anderes Vorgehen vor: »Nachdem wir über das Thema schon mehrmals gesprochen haben, schlage ich Ihnen heute ein grundsätzlich anderes Vorgehen vor, dass wir nämlich ihr emotionales, intuitives Denken nutzen.« Es folgen einige Erläuterungen zu der Unterscheidung zwischen rationalem und emotionalem Denken, die es Frau Wunder leichter machen, sich darauf einzulassen.

REALITY (KLÄRUNGSPHASE): Diese Phase verläuft in folgenden Schritten:

- Frau Wunder wird aufgefordert, sich dafür, wie sie derzeit ihre Rolle als Führungskraft erlebt, ein Symbol oder ein Foto – zum Beispiel aus einem Bildkartenset zu suchen – oder sich eins vorzustellen. Relativ spontan kommt ihr das Bild eines Paares alter Schuhe in den Sinn.
- Im nächsten Schritt beschreibt sie dieses Bild (oder diesen Gegenstand). Wichtig dabei ist, hier wirklich beim Bild zu bleiben und nicht sofort zur Bedeutung zu wechseln. Sie beschreibt die Schuhe als abgetragen, schräge Absätze, teilweise verschmutzt, aber sie hat sie früher gern getragen.

- Dann erfolgt die Übertragung in die Realität: »Was bedeuten diese Eigenschaften für Ihre Rolle?« Zu den Eigenschaften der Schuhe werden auf dem Flipchart die Bedeutungen geschrieben. Daraus ergibt sich folgendes Bild:

BILD: EIN ALTES SCHUHPAAR	BEDEUTUNG FÜR DIE ROLLE
• abgetragen • teilweise verschmutzt • Leder an einigen Stellen brüchig	• Ich bin immer noch in meiner alten Rolle. • Ich wühle immer noch in Kleinigkeiten. • Die Beziehung zu meiner Chefin ist brüchig.

Bei der Frage, wie es ihr damit geht, kommt spontan die Antwort: »Ich laufe hier immer noch in den alten Schuhen der Assistentin herum.«

OPTIONS (LÖSUNGSPHASE): An dieser Stelle gibt es grundsätzlich verschiedene Möglichkeiten: Man kann auf der rationalen Ebene bleiben und nach Lösungen fragen. Oder man wechselt wieder auf die emotionale Ebene und fragt: »Was wäre ein anderes Symbol oder Bild für die Lösung?« Oder: Wie lässt sich das Symbol so verändern, dass es stimmig ist?«

Auf die Frage, was sie denn mit den alten Schuhen vorhat, kommt spontan die Antwort: »Die tun es nicht mehr, ich kaufe mir neue. Diese hier könnte ich putzen und meiner Nichte schenken.« Übertragen auf die Realität bedeutet das, mit ihrer alten Rolle abzuschließen und sich ihre neue Rolle bewusst zu machen. Zugleich könne sie ihre Nachfolgerin bei der Einarbeitung in die Assistenzrolle unterstützen.

WHAT NEXT (ABSCHLUSSPHASE): Bei der Arbeit mit sogenannten analogen Verfahren wie Symbolen und Bildern entsteht zum Abschluss vergleichsweise selten ein konkreter Handlungsplan, sondern das Ergebnis ist emotional gespeichert. Und emotionale Steuerung des

Handelns ist etwas anderes als ein konkreter Handlungsplan mit Maßnahmen und verbindlichen Zeiten. Emotionales Handeln erfolgt intuitiv. Daher wurde auf einen Handlungsplan verzichtet. Frau Wunder dachte kurz darüber nach, was die neuen Schuhe für ihre neue Rolle bedeuten. Darüber hinaus schlug ihr Coach vor, diese Rolle symbolisch zu »verankern«: Vereinbart wird, dass Frau Wunder sich am Wochenende tatsächlich ein paar neue Schuhe kauft, in denen sie sich als Abteilungsleiterin wohlfühlt. Ab jetzt wählt sie sich zudem jeden Morgen bewusst ein paar »passende« Schuhe aus.

Bilder und Symbole können in unterschiedlichen Phasen des Coachingprozesses eingesetzt werden. Im Beispiel wurden sie in der Klärungs-, der Lösungs- und der Abschlussphase genutzt. Manchmal reicht es aus, ein Symbol oder Bild nur in der Klärungsphase zu nutzen, weil die Lösung auf der Hand liegt. Manchmal reicht ein einziges Symbol für die »gute Lösung« aus. Hier nochmals die wichtigsten Punkte:

METHODE: ARBEIT MIT SYMBOLEN UND BILDERN

GOAL (Orientierungsphase): Die Arbeit mit Symbolen und Bildern werden in der Regel Sie als Coach vorschlagen. Möglichkeiten sind, Ihren Coachee ein Symbol, einen Gegenstand suchen zu lassen, ein Bild auszuwählen (sei es aus einem der zahlreichen Bildkartensets oder aus dem Internet), es zu malen oder es sich nur vorzustellen. Hilfreich können Erläuterungen über die Bedeutung des emotionalen Denkens sein.

REALITY (Klärungsphase):

- Fordern Sie Ihren Coachee auf, sich ein Symbol oder ein Bild zu suchen. Manchmal hilft eine »paradoxe Anweisung« wie: »Überlegen Sie nicht, sondern verlassen Sie sich auf Ihr Gefühl, das Symbol wird Sie finden.«

- Im nächsten Schritt stehen die Eigenschaften des Symbols oder Bildes im Fokus. Achten Sie darauf, dass hier wirklich nur die Eigenschaften beschrieben werden und keine Bedeutungen. Die genannten Eigenschaften haben natürlich etwas mit der realen Situation zu tun – intuitiv nennt Ihr Coachee Eigenschaften, die für ihn bedeutsam sind.
- Im dritten Schritt werden die gefundenen Eigenschaften auf das aktuelle Thema übertragen: »Was bedeuten diese Eigenschaften für Ihre Situation?«

OPTIONS (Lösungsphase): Sie haben hier unterschiedliche Möglichkeiten: Sie können ein neues Symbol für die Lösung suchen oder das Symbol aus der Klärungsphase verändern lassen. Das Vorgehen ist jeweils das gleiche wie in der Klärungsphase: Erst das Symbol (oder die Veränderung des Symbols) beschreiben lassen, dann in die Realität übersetzen.

WHAT NEXT (Abschlussphase): Der Abschluss kann dann wieder auf beiden Ebenen – der rationalen und emotionalen – erfolgen:
- Auf rationaler Ebene gilt es, das Ergebnis zusammenzufassen und möglicherweise erste Schritte festzulegen.
- Auf emotionaler Ebene kann das Symbol »verankert« werden: Der Coachee stellt sich ein Foto seines Symbols auf den Schreibtisch oder kauft sich ein entsprechendes Symbol – und wird dadurch an das emotional gespeicherte Ergebnis erinnert.

Die Arbeit mit Symbolen und Bildern ist ein hilfreiches und irgendwie auch »einfaches« Verfahren, das in vielen Fällen schnell zu einer guten Lösung führt. Aber Vorsicht: Die Eleganz dieses Vorgehens täuscht darüber hinweg, dass es hohe Aufmerksamkeit und Kompetenz aufseiten des Coachs erfordert. Nicht zuletzt können unbewusste Empfindungen freigesetzt werden (wenn zum Beispiel deutlich wird, dass eine falsche Entscheidung getroffen wurde). Vorsicht und Verantwortlichkeit sind also angesagt.

Unser Tipp: So einfach solche analogen Verfahren wirken: Wenden Sie sie erst an, wenn Sie Sicherheit im Vorgehen gewonnen haben. Versuchen Sie zunächst für sich (zum Beispiel im Rahmen Ihrer Ausbildung oder in einer Übungsgruppe) damit Erfahrungen zu sammeln.

METAPHERN IM COACHING

Metaphern sind die Übertragung eines Wortes in eine andere Bedeutung. Wenn Frau Wunder zum Beispiel davon spricht, dass sie »die ausgefahrenen Gleise verlassen« muss, dann meint sie keine Eisenbahngleise, sondern überträgt das in einen anderen Kontext. In Metaphern tritt unser emotionales Denken unmittelbar zutage. Letztlich sind es Metaphern, die unser Weltbild entscheidend prägen – denken Sie zum Beispiel an Metaphern wie »Zeit ist Geld« oder »Ich will als Führungskraft Spuren hinterlassen«.

Sie können Metaphern im Coaching genauso bearbeiten wie Symbole und Bilder: Bleiben Sie zunächst bei der Metapher: Wie sehen die ausgefahrenen Gleise aus? Was kann man tun, um diese Gleise zu verlassen? Wird eine Weiche benötigt oder ein Weichensteller? Muss man einen Hebel umlegen oder gar neue Gleise bauen? Je nachdem, was die Klientin äußert, deuten sich ganz unterschiedliche Lösungen an.

Unser Tipp: Achten Sie auf Metaphern, die Ihr Coachee verwendet. Greifen Sie diese auf und »spielen« Sie mit verschiedenen Möglichkeiten, damit umzugehen: »Was können Sie tun, um aus ausgefahrenen Gleisen herauszukommen? Müssen Sie eine Weiche umstellen, möglicherweise erst neue Gleise bauen? Muss ein Signal umgeschaltet werden? Wer kann das tun? – Sie gelangen damit häufig zu unerwarteten, neuen Lösungen.

Eine Variante kann übrigens sein, neue Metaphern einzuführen. Sie können Ihren Coachee fragen, ob er das mit einem anderen Bild beschreiben oder das Bild verändern kann. Ein schönes Beispiel kennen wir von Virginia Satir: Eine Klientin beschrieb ihren Vorgesetzten als furchterregenden Bär. Aber: Ein Bär kann auch ein Teddybär sein, ein Bär, den man kraulen kann – und damit eröffnen sich neue Handlungsmöglichkeiten. Von daher: Überlegen Sie selbst, mit welchen anderen Metaphern sich die Situation beschreiben lässt.

GESCHICHTEN IM COACHING

Geschichten sind emotional gespeicherte Erfahrungen. Diese können Sie ebenfalls im Coaching nutzen.

- Sie können Ihren Coachee auffordern, seine eigene Geschichte oder die Geschichte aus einer anderen Perspektive zu erzählen: Wie würde er die Geschichte nach zehn Jahren erzählen? Wie würden sein Gegenüber oder seine Mentorin, sein Freund die Geschichte erzählen? Sie haben damit eine Form des Perspektivenwechsels angestoßen.
- Sie können aber auch Botschaften, die Sie Ihrem Coachee mitgeben möchten, selbst in Geschichten kleiden. Sie können dafür vorliegende Geschichten nutzen (z.B. Lindemann 2016) oder selbst eine Geschichte konstruieren.

Geschichten haben häufig eine ähnliche Struktur: Es werden Personen eingeführt (Ist es Ihre Geschichte oder eine Geschichte, die Sie gehört haben?), es wird eine Problemsituation geschildert, das Problem verschärft sich, möglicherweise gibt es Helfer, die Situation zu bewältigen – und es gibt dann häufig eine überraschende Lösung.

Unser Tipp: Wenn Sie Geschichten verwenden, vermeiden Sie anschließend eine (rationale) Diskussion, inwieweit diese Geschichte auf die reale Situation passt. Lassen Sie die Geschichte einfach stehen und machen Sie im Coachingprozess normal weiter: »Ich weiß nicht, ob Sie damit was anfangen können, aber sie fiel mir gerade ein.«

THEORETISCHER HINTERGRUND

Die Arbeit mit Symbolen, Bildern, Metaphern und Geschichten stammt ursprünglich aus der analytischen Psychologie von Carl G. Jung und der Gestalttherapie nach Fritz Perls, ist mittlerweile aber auch in anderen Konzepten üblich (z. B. Lindemann 2016).

Bestätigt wurden diese Ansätze auch im Rahmen der Neurobiologie: Geschichten, Bilder und Metaphern sind die Form, in der Erfahrungen im emotionalen Denken (genauer: im sogenannten episodischen Gedächtnis) gespeichert werden.

LITERATURTIPPS

- Budde, C. (2015): Mitten ins Herz – Storytelling im Coaching. Bonn: managerSeminare
- Lindemann, H. (2016): Die große Metaphern-Schatzkiste – Band 1: Grundlagen und Methoden. Systemisch arbeiten mit Sprachbildern. 3. Auflage. Göttingen: Vandenhoeck & Ruprecht.
- Messer, B. (2019): 75 Bildkarten Storytelling. Weinheim, Basel: Beltz

Der Schritt ins Fettnäpfchen – Regeln in sozialen Systemen

BEISPIEL: DER SCHRITT INS FETTNÄPFCHEN

Herr Müller hat den Auftrag, in seinem Unternehmen ein Gesundheitsprojekt voranzutreiben – eigentlich etwas äußerst Positives. Mit Freude erarbeitet er ein Konzept, will gleich loslegen. Doch kurz bevor es zur Umsetzung kommt, macht die Mitarbeitervertretung einen Strich durch die Rechnung: Das Projekt darf so nicht umgesetzt werden. Herr Müller versteht die Welt nicht mehr: Warum zieht die MAV nicht mit ihm an einem Strang? Es geht doch um das Wohl der Mitarbeiter?

Herr Müller spricht dieses Thema im Coaching an. Dabei wird klar: Er hat die ungeschriebenen Regeln des sozialen Systems missachtet und ist ins Fettnäpfchen getreten.

Vermutlich denken Sie bei dem Thema Regeln zunächst an Verkehrsregeln. Es gibt eine Regel, dass man in Ortschaften nur 50 km/h fahren darf. Wer sich nicht daran hält, muss mit Sanktionen rechnen, erhält ein Bußgeld oder es droht Führerscheinentzug oder … In allen sozialen Systemen gibt es Regeln. Arbeitsplatzbeschreibungen sind Regeln, es gibt Unterschriftenregelungen. Und es gibt ungeschriebene Regeln. Im Beispiel lautet diese: »In neue Projekte, die die Mitarbeitenden betreffen, binde von Anfang an die Mitarbeitervertretung ein.«

An diesen Beispielen lassen sich die Merkmale von Regeln gut verdeutlichen:

- Regeln legen fest, was man in einem System tun soll, darf oder was untersagt ist.

- Regeln können explizit eingeführt sein oder implizit Geltung besitzen. Die Regel »binde die Mitarbeitervertretung von Anfang an in Projekte ein, die die Mitarbeitenden betreffen« ist nirgendwo schriftlich fixiert.
- Regeln sind durch Sanktionen gestützt, das heißt mit Konsequenzen versehen, die auf Befolgen oder Übertreten einer Regel folgen. Sanktionen können negativ (Wer die Arbeitszeit nicht einhält, wird abgemahnt) oder positiv sein (Lob des Vorgesetzten, Gehaltserhöhung). In unserem Beispiel: Die Blockade durch die MAV ist eine negative Sanktion dafür, dass Herr Müller die entsprechende Regel nicht eingehalten hat.

Einerseits sind Regeln für das Miteinander in einem System notwendig – sie geben Verhaltenssicherheit und Orientierung. Ein System ohne Regeln wäre unvorhersehbar und chaotisch. Andererseits aber sind Regeln häufig in Gefahr, sich zu verselbstständigen, zu veralten, unnötig einschränkend und hinderlich zu sein. In einer Organisation, die wir beraten haben, galt die implizite Regel »Führungskräfte dürfen nicht vor dem Geschäftsführer das Büro verlassen«. Die Übertretung dieser Regel wurde vom Geschäftsführer deutlich negativ sanktioniert. Da der Geschäftsführer zu dieser Zeit in Scheidung lebte, führte das häufig dazu, dass Führungskräfte abends nicht vor 21 Uhr nach Hause kamen. Für den Geschäftsführer mag das positiv gewesen sein – für die Führungskräfte war es eine Katastrophe.

REGELN ALS THEMA IM COACHINGGESPRÄCH

Regeln können auch Thema in Coachinggesprächen sein: sei es, dass der Coachee wie Herr Müller durch das Wissen und Beachten der im jeweiligen System geltenden Regeln die eigenen Themen besser vorantreiben kann, sei es die Frage, wie ein Coachee in einem System mit problematischen Regeln umgehen kann, oder sei es die Frage, ob und wie sich Regeln abändern lassen. Daraus ergeben sich vier mögliche Blickrichtungen im Coaching:

- *Regeln erkennen:* Welche offiziellen und insbesondere welche impliziten Regeln gelten in diesem System und was bedeutet das für mich, für meine Arbeit?
- *Regeln beurteilen:* Welche der Regeln sind sinnvoll, welche nicht?
- *Regeln verändern:* Wie lassen sich neue Regeln einführen beziehungsweise bestehende Regeln abändern?
- *Mit problematischen Regeln umgehen:* Nicht alle Regeln lassen sich verändern. Was gibt es dann für Möglichkeiten, damit umzugehen?

Hierzu im Folgenden einige Anregungen.

REGELN ERKENNEN

Hätte Herr Müller die Regel »Die Mitarbeitervertretung muss von Anfang an in Projekte eingebunden sein, die die Mitarbeitenden betreffen« im Blick gehabt, hätte er anders agieren können, und es wäre vermutlich nicht zur Eskalation gekommen. Das Thema Regeln erkennen ist auch relevant, wenn jemand in ein neues System, eine neue Organisation, an einen neuen Standort, in ein neues Team kommt: Frau Raab kann sich nicht erklären, warum sie von ihrer Vorgesetzten massiv kritisiert wurde, weil sie keine Rücksprachetermine gemacht hatte. In ihrer früheren Abteilung galt die Regel, nur dann zum Vorgesetzten zu gehen, wenn es Probleme gibt oder er die Entscheidung treffen muss. Frau Raab hat nicht erkannt, dass hier andere Regeln gelten.

Es gibt verschiedene Möglichkeiten, Regeln in einem System zu erkennen:

- *Regeln durch Beobachtung erfassen:* Was passiert in einem System immer wieder? Welches Verhalten wird positiv, welches negativ sanktioniert? Die Beantwortung dieser Fragen hilft, die expliziten und die impliziten Regeln zu erfassen. Sie können mit Ihrem Coachee zum Beispiel durchgehen, was ihm in seiner (neuen) Organisation als fremdartig oder ungewohnt aufgefallen ist – und Sie unterstützen ihn dabei, sich Regeln bewusst zu machen. Sie können ihm dies als Hausaufgabe mitgeben und in der nächsten Sitzung weiter daran arbeiten.

- *Regeln erfragen:* Dies ist eine gute Möglichkeit, gerade wenn man neu in ein System kommt. Allerdings ist die Frage »Welche geheimen Regeln gibt es hier?« wenig zielführend, denn häufig sind die Regeln gar nicht bewusst. Aber es gibt andere starke Fragen, dieses verdeckte Wissen aufzudecken:

METHODE: STARKE FRAGEN ZUR ERFASSUNG VON REGELN

- Was darf man hier? Was darf man nicht?
- Wofür erntet man Anerkennung? Wofür riskiert man dagegen Kritik?
- Was mussten Sie am Anfang hier lernen?
- In welche typischen Fettnäpfchen könnte ein Neuling treten?

REGELN BEURTEILEN UND VERÄNDERN

Schauen wir zunächst nochmals auf das Beispiel von Herrn Müller: Ihm ist klar geworden, dass es im Unternehmen die Regel gibt, die Mitarbeitervertretung von Anfang an mit ins Boot zu holen. Und er tut gut daran, diese Regel zu befolgen. Er startet also mit Gesprächen mit der MAV. Doch jetzt taucht ein neues Problem auf: Die Besprechungen mit mehreren Mitgliedern der MAV ziehen sich immer sehr in die Länge. Es gibt keine Struktur, keine Moderation, jeder hat unheimlich viel zu sagen, die Diskussion dreht sich im Kreis. Auch dahinter stehen Regeln – besser gesagt: Es fehlen Regeln, nämlich Gesprächsregeln. Pointiert kann man sagen: Es gibt schon eine Regel: »Jeder darf sich zu jedem Thema äußern, egal wie lange und egal wie viel Ahnung er davon hat.« Doch die ist sicherlich wenig sinnvoll. Daraus entwickelt sich ein neues Thema im Coaching: Welche Möglichkeiten hat Herr Müller, diese Regel zu verändern? Das Coachinggespräch gliedert sich in folgende Phasen – wir folgen hier wieder dem GROW-Modell.

GOAL (ORIENTIERUNGSPHASE): Herrn Müller ist das Ziel klar. Er möchte Anregungen, ob und wie er die Regel »Jeder kann sich lang und breit äußern, ohne dass dem Einhalt geboten wird« abändern kann, ohne die Zusammenarbeit mit den anderen Beteiligten zu gefährden.

REALITY (KLÄRUNGSPHASE): Erinnern Sie sich an das, was wir zur Klärungsphase im Rahmen von GROW gesagt haben? Hilfreich ist eine starke Einstiegsfrage: Was muss geklärt werden, um Anregungen für die Abänderung zu erhalten? Der Coach von Herrn Müller wählt zwei Fragen:

- Was ist das Ziel dahinter, gar keine Gesprächsregeln festzusetzen?
- Welche Faktoren im sozialen System stützen diese Situation?

Am besten ist es, beide Fragen bewusst zu stellen. Wenn es keine Gesprächsregeln gibt, so hat das einen Grund. Es ist hilfreich, sich darüber Gedanken zu machen. Dabei wird deutlich: Das Ziel ist offenbar, jeden zu Wort kommen zu lassen. Das ist sicherlich ein sinnvolles Ziel. Und das wird auch erreicht. Aber die Regel hat Nebenwirkungen: Es kostet unendlich viel Zeit, und die meisten sind genervt. Damit deutet sich schon an: Es gibt Faktoren im sozialen System, die diese Regel stützen. Diejenigen Personen, die gern viel erzählen möchten, haben sicherlich Interesse, dass alles so bleibt. Möglicherweise möchten sie wichtig genommen werden.

METHODE: STARKE FRAGEN ZUR ANALYSE VON REGELN

Fragen nach dem Sinn von Regeln:

- Welche Ziele sollen durch die bestehende Regel erreicht werden?
- Werden diese Ziele erreicht?
- Welche eventuell negativen Nebenwirkungen hat die Regel?

Fragen nach Systemfaktoren, die diese Regel (oder eine mögliche Abänderung) unterstützen:

- Welche Personen haben Interesse an der Beibehaltung beziehungsweise der Abänderung der Regel?
- Welche Bedeutung hat diese Regel für diese Personen?
- Wie wird die Regel durch andere Regeln im sozialen System gestützt?
- Gibt es typische Verhaltensmuster im Zusammenhang mit dieser Regel?
- Welche Bedeutung hat die Systemumwelt für die Regel?
- Wie ist die bisherige Entwicklung der Regel? Wann war die Regel sinnvoll?

Herrn Müller wird deutlich: Es gibt Personen, die Interesse an der Beibehaltung haben, aber ebenso Personen mit Interesse an der Abänderung. Die Regel wird gestützt zum Beispiel durch die allgemein anerkannte Höflichkeitsregel: »Man darf andere Personen nicht unterbrechen!« Noch eine mögliche weitere Regel könnte hier eine Rolle spielen: Herr Müller gehört nicht der Mitarbeitervertretung an. Ob es wohl eine Regel gibt, dass sich die Mitarbeitervertretung von Außenstehenden nichts sagen lässt?

OPTIONS (LÖSUNGSPHASE): In der Lösungsphase werden zunächst wieder verschiedene Ideen gesammelt. Welche Vorschläge hat Herr Müller, die Regel zu verändern? Auch der Coach von Herrn Müller bringt an dieser Stelle Ideen ein. So entsteht eine ganze Liste von Ideen, wie das Thema anzugehen ist: Zum Beispiel kann Herr Müller in der nächsten Besprechung den Vorschlag einbringen, zunächst das Projekt nur mit der Vorsitzenden der Mitarbeitervertretung durchzusprechen; oder er selbst fasst sich kürzer; oder er geht früher raus. Auch »absurde« Ideen finden sich: So brachte der Coach die Idee ein, selbst sehr lange zu reden und zu schauen, was passiert. Absurde Ideen können den Kopf frei machen und sind dann häufig Anstoß, neue kreative Ideen zu entwickeln.

Bei der Bewertung tauchte als Problem die Frage auf, ob es denn überhaupt chancenreich ist, wenn jemand von außen einen solchen Vorschlag einbringt. Das deutete darauf hin, dass es sinnvoll ist, wenn jedenfalls Herr Müller nicht allein den Vorschlag für Moderationsregeln einbringt.

WHAT NEXT (ABSCHLUSSPHASE): Ergebnis ist hier wieder ein Handlungsplan: In welchen Schritten geht Herr Müller bei der Einführung der neuen Regeln vor?

Können Sie sich vorstellen, was die Lösung war? Herr Müller setzte sich mit Inga, der stellvertretenden Vorsitzenden der Mitarbeitervertretung zusammen, die genauso genervt über die langatmigen Regeln war. Diese setzte sich mit der Vorsitzenden zusammen. Ergebnis war, dass relativ unauffällig die Vorsitzende und ihre Stellvertreterin die Moderation übernahmen. Das nennt man dann »über Bande spielen« – auch das kann Ergebnis eines Coachingprozesses sein.

MIT UNVERNÜNFTIGEN REGELN LEBEN

Nicht immer haben wir die Möglichkeit, Regeln zu verändern. Immer wieder stoßen wir an Grenzen. Nehmen wir an, in Herrn Müllers Bereich gilt die bereits genannte Regel, dass die Führungskräfte erst nach Hause gehen dürfen, wenn der Bereichsleiter geht. Natürlich steht das nicht irgendwo geschrieben, aber jeder weiß es. Wer früher geht, bekommt »Sanktionen«, muss sich kritische Kommentare vom Bereichsleiter anhören, und manche Informationen kommen nicht bei ihm an.

Natürlich wird man hier ebenfalls erst Ideen sammeln: mit dem Bereichsleiter reden, Verbündete suchen, offen rebellieren, trotzdem früher gehen. Oder »mikropolitische Taktiken« anwenden. Mikropolitische Taktiken sind »verdeckte« Ablehnungen von Regeln (Neuberger 2015). Herr Müller versucht, Kundenbesuche mehr auf den Nachmittag zu legen, und kommt anschließend nicht ins Büro. Das ist legitimiert, denn es gilt die Regel »Kundenbesuche haben Vorrang«.

Trotzdem: Nicht alle Probleme lassen sich lösen. Coaching kann hier keine heile Welt schaffen. Aber Ihre Aufgabe als Coach ist es, mit Ihrem Coachee abzuklären, ob es Lösungen für die Situation gibt, und wenn das nicht der Fall ist, was dies dann für Ihren Coachee bedeutet und was er mit diesem Wissen macht: Muss und kann er die Situation hinnehmen und quasi damit leben? Welche Alternative gibt es? Change it, love it, leave it!

Anregung zur Weiterarbeit: Versuchen Sie, die in Ihrem Team, Ihrer Organisation geltenden Regeln zu reflektieren:

- Welche Regeln gelten?
- Inwieweit sind die Regeln sinnvoll?
- Welche Systemfaktoren stützen diese Regeln oder können eine Veränderung unterstützen?
- Welche Regeln sollten verändert werden? Wie können Sie dabei vorgehen?
- Was wären Möglichkeiten, mit nicht sinnvollen Regeln umzugehen?

THEORETISCHER HINTERGRUND

In der Soziologie beschäftigt sich schon in den 1920er-Jahren Max Weber und später in den 1960er- und 1970er-Jahren die Ethnomethodologie mit der Frage, wie Menschen es schaffen, ihre Handlungen aufeinander abzustimmen. Regeln, so der kanadische Soziologe Erving Goffman, sind zum einen Verpflichtung, so und so zu handeln – und zugleich sind sie Erwartungen, welches Verhalten man vom anderen erwarten darf (Goffman 1971). Regeln leiten unser Handeln, schaffen Erwartungen und geben einen Rahmen für Verhaltensmöglichkeiten. Das bedeutet nicht, alle Regeln zu akzeptieren. Erfolgreiche Menschen, so Sven G. Jánszky und Stefan A. Jenzowsky (2013), sind immer auch »Rulebreaker«.

LITERATURTIPP

- Jánszky, S. G./Jenzowsky, S. A. (2013): Rulebreaker. Wie Menschen denken, deren Ideen die Welt verändern. Wien: Goldegg
- Saller, T./Mauder, S./Flesch, S. (2016): Tabu. Versteckte Regeln und ungeschriebene Gesetze in Organisationen. Freiburg: Haufe

Immer wieder das gleiche Muster – Regelkreise

BEISPIEL: DER REGELKREIS

Frau Back führt eine soziale Einrichtung zusammen mit einem Kollegen. Es geht darum, neue Wege einzuschlagen. Darüber sind sie und ihr Kollege sich einig. Doch immer dann, wenn sie sich zusammensetzen und besprechen, wie es nun konkret weitergeht, enden sie in ewigen Diskussionen. Frau Back spricht dies bei ihrem Coach an: »Immer, wenn ich etwas vorschlage, bringt er ein Gegenargument. Immer heißt es von seiner Seite ›Ja, aber …‹, und so drehen wir uns ständig im Kreis. Eigentlich wollen wir beide eine Veränderung, aber wir diskutieren endlos und ohne Ergebnis.«

Das ist ein typischer Regelkreis: Bestimmte Verhaltensweisen treten immer wieder auf, es geht nicht weiter.

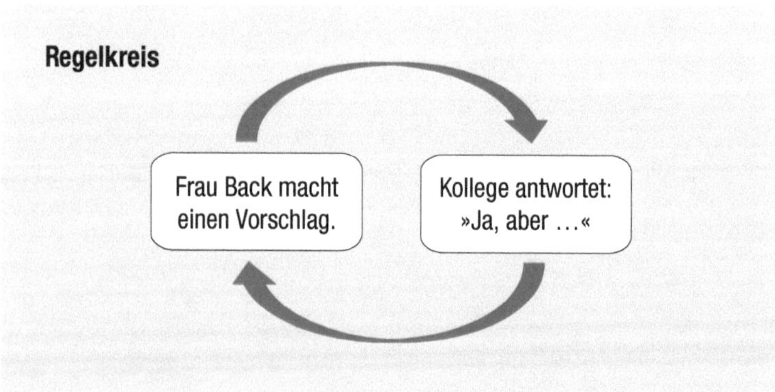

Regelkreise sind vielleicht das augenfälligste Merkmal sozialer Systeme. Ein bekanntes Beispiel dafür hat Paul Watzlawick formuliert: Der Mann arbeitet lang, seine Frau wartet auf ihn zu Hause. Als er dann endlich kommt, macht sie ihm Vorwürfe. Das motiviert ihn wenig, am nächsten Tag früher zu kommen. Er bleibt etwas länger im Büro oder geht zu einer After Work Party … da hat er wenigstens seine Ruhe. Sie können sich vorstellen, wie seine Frau reagiert. Ein Regelkreis entsteht (Watzlawick u. a. 2015).

Es gibt ganz unterschiedliche Regelkreise wie zum Beispiel

- *Gegeneinander-Regelkreis:* Das ist typisch für Konflikte. Jeder schiebt die Schuld auf den anderen und macht dem anderen Vorwürfe.
- *Ja–aber-Regelkreis:* Auf jeden Vorschlag erfolgen Einwände und Bedenken.
- *Ich-bin-hilflos-Regelkreis:* Der Coachee weiß nicht weiter, der Coach gibt Hinweise, Empfehlungen, Vorschläge, der Coachee setzt aber nichts um und ist weiterhin hilflos.
- *Zu-Tode-reiten-Regelkreis:* Themen werden endlos diskutiert, ohne dass man zu einem Ergebnis kommt.
- *Schwarzer Peter:* Jeder schiebt die Schuld auf einen anderen …

Anregung zur Weiterarbeit: Überlegen Sie: Welche Regelkreise kennen Sie? In welchen haben/hatten Sie sich selbst verfangen?

- Achten Sie auf Ihr Gefühl: Wenn Sie in einer Situation das Gefühl haben, auf der Stelle zu treten und nicht vorwärtszukommen sind Sie sicher in einem Regelkreis verfangen.
- Versuchen Sie anschließend, den Regelkreis zu analysieren und vielleicht bildlich darzustellen: Womit begann der Regelkreis? Was folgte als Nächstes? Was taten Sie? Was tat daraufhin der andere?

Regelkreise resultieren aus subjektiven Deutungen, aus den Gedanken, die wir uns über eine Situation machen. Auf das Beispiel von Watzlawick bezogen: Die Frau ist genervt, da sie so lange auf ihren Mann warten muss. Der Mann hingegen mag sich denken: »Ich habe keine Lust darauf, mir das anzuhören.« Und so führen die subjektiven Deutungen zur Handlung: Die Frau macht Vorwürfe, der Mann zieht sich weiter zurück.

Regelkreise sind aber auch von Regeln beeinflusst, häufig sind es Regeln, die unbewusst unser Verhalten steuern. So könnte bei unserem Beispiel die Regel »über Gefühle spricht man nicht« dazu führen, dass die Frau ihre Gefühle nicht ausdrückt und stattdessen Vorwürfe macht.

Regelkreise durchlaufen eine Entwicklung: Sie entstehen meist aus Kleinigkeiten am Anfang. Manchmal nimmt man sie überhaupt nicht wahr. Aber mit der Zeit verhärten sich die Fronten, der Regelkreis eskaliert, bis es dann möglicherweise zum Abbruch führt – sei es, dass die Frau sich scheiden lässt oder der Mann sich eine Freundin sucht.

REGELKREISE ALS THEMA IM COACHING

GOAL (ORIENTIERUNGSPHASE): Frau Back aus unserem Beispiel berichtet von einer festgefahrenen Situation, für die sie Anregungen möchte. Ihr ist dabei nicht klar, dass es sich systemisch gesehen um einen Regelkreis handelt.

Nehmen Sie das als Indikator: Wenn Ihr Coachee erzählt, dass er nicht weiterkommt, dass sich die Situation festgefahren hat, dass immer wieder das Gleiche passiert, dann können Sie den Regelkreis als Thema nehmen und bearbeiten: »Ich höre heraus, dass es sich um eine Situation handelt, die immer wieder passiert. Mein Vorschlag ist, lassen Sie uns den Verlauf einer konkreten Situation genauer anschauen.« Sie verwenden dabei nicht den Begriff »Regelkreis«, mit dem Ihr Coachee vermutlich nichts anfangen kann. Aber Sie wissen, wie Sie vorgehen und geben auf diese Weise Ihrem Coachee Orientierung.

REALITY (KLÄRUNGSPHASE): Die Klärungsphase besteht aus mehreren Schritten:

- Hilfreich ist, eine *konkrete Situation* zu *fokussieren*, dann besteht nicht die Gefahr, im Allgemeinen zu bleiben: »Schildern Sie eine konkrete Situation, die ganz typisch ist für Ihre Diskussionen mit dem Kollegen.« Nun ist es wichtig, diese Situation ganz genau zu erfassen: »Womit begann die Situation? Wer hat das Gespräch begonnen? Was genau sagte diese Person?«
- *Visualisierung des Regelkreises:* Schreiben Sie die einzelnen Schritte des Regelkreises gut sichtbar für den Coachee auf. »Was sagte A? Was antwortete daraufhin B?« Schreiben Sie möglichst die wörtliche Rede auf – je genauer Sie an dieser Stelle die einzelnen Verhaltensweisen aufschreiben, desto mehr Ansatzpunkte für Lösungen finden der Coachee in der Lösungsphase.
- *Klärung der subjektiven Deutungen:* Regelkreise sind bedingt durch die subjektiven Deutungen der Personen. Nehmen Sie diese in die Visualisierung mit auf. Dabei geht es sowohl um die subjektiven Deutungen des Coachees (»Was ging Ihnen in diesem Moment durch den Kopf?«) als auch um die subjektiven Deutungen der anderen Person: »Was meinen Sie, dachte Ihr Kollege in diesem Moment?«
- *Analyse der bisherigen Lösungsversuche:* Eine Regel im Beratungskontext lautet: »Wenn du dreimal etwas probiert hast, lohnt es sich nicht, einen vierten Versuch zu starten.« Was dreimal nicht gelungen ist, wird auch beim vierten Mal nicht gelingen. Stattdessen braucht es etwas anderes, es muss etwas anderes getan werden. Dafür ist es hilfreich, die bisherigen Lösungsversuche aufzuschreiben.

Hilfreich ist es, den Regelkreis zu visualisieren. Das kann manchmal ein komplexes Bild ergeben. Hier ein Beispiel:

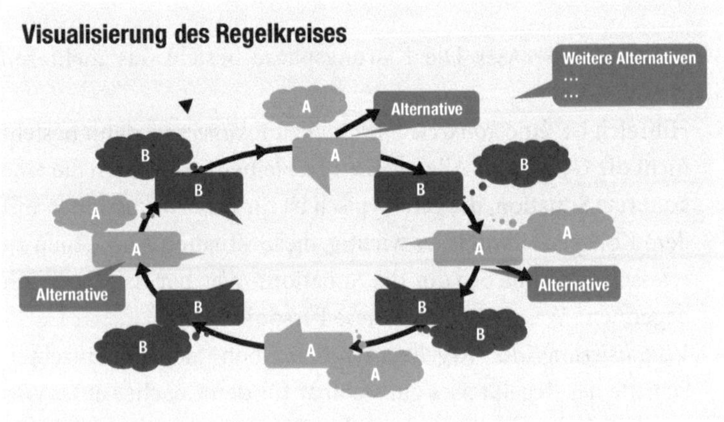

OPTIONS (LÖSUNGSPHASE): Das Grundprinzip, um Regelkreise aufzubrechen, ist eigentlich ganz einfach: Tue etwas anderes! Auch hier gilt wieder: Brainstorming. Alle Ideen aufschreiben, die Ihrem Coachee und Ihnen einfallen.

Bisweilen ist dies für den Coachee schwierig, er steckt mitten im Regelkreis. Laden Sie Ihren Coachee ein, den visualisierten Regelkreis mit etwas Abstand zu betrachten und die Stellen zu markieren, an denen er etwas ändern könnte. Hilfreich kann sein, dass Sie mit Ideen – auch verrückten – starten. Oft wird damit eine Blockade unterbrochen – und Ihr Coachee schließt sich mit weiteren Ideen an. Hier einige Ansatzpunkte:

- *Die Form der Kommunikation ändern:* Nachfragen statt argumentieren, Vorschläge einbringen, Dinge einfach einmal tun anstelle darüber zu reden …
- *Neue Regeln einführen:* Hinter den Regelkreisen stehen Regeln. Eine Möglichkeit ist, neue Regeln einzuführen. Beim Regelkreis »endlose Diskussionen« können die Brainstormingregeln helfen,

einen Moderator bestimmen, oder einen festen Zeitrahmen vereinbaren.

- *Gar nichts tun:* Auch das kann einen Regelkreis unterbrechen. Nämlich: Wenn Frau Back immer wieder Vorschläge macht, die ständig abgelehnt werden, dann kann eine Lösung sein, gar keine Vorschläge zu machen. Zumindest spart das Zeit und Nerven – und möglicherweise kann gerade das der Anstoß für den Kollegen sein, selbst aktiv zu werden.

Unser Tipp: Verschiedene Kommunikationskonzepte können Anregungen geben, wie der Regelkreis verändert werden kann.

- Führen Sie aktives Zuhören ein: Spiegeln Sie dem Gesprächspartner, was Sie gehört haben (in Anlehnung an Carl Rogers).
- Arbeiten Sie mit Ich-Botschaften und Wünschen statt mit Du-Botschaften und Vorwürfen (in Anlehnung an Thomas Gordon).
- Unterscheiden Sie die vier Seiten einer Botschaft: Was bezieht sich auf den Inhalt, was auf die Beziehung, die Selbstoffenbarung und den Appell? (in Anlehnung an Friedemann Schulz von Thun)
- Sprechen Sie Störungen an statt nur inhaltlich zu diskutieren: »Störungen haben Vorrang!« (in Anlehnung an Ruth Cohn).
- Wechseln Sie von der »Wolfssprache« in die »Giraffensprache« (in Anlehnung an das Konzept der gewaltfreien Kommunikation von Marshall B. Rosenberg).

Wichtig ist auch hier unser Grundsatz der Lösungsphase: Erst einmal möglichst viele Ideen sammeln, ohne sie zu bewerten. Ermuntern Sie Ihren Coachee zu Kreativität.

Wenn Sie eine Liste von Ideen gesammelt haben, können Sie den Coachee nach dessen Bewertung fragen: Welche der Ideen lassen sich aus seiner Sicht gut umsetzen? Was wären erste Ansatzpunkte? Sie können an dieser Stelle auf Chancen und Risiken der verschiedenen Möglichkeiten hinweisen, die Entscheidung trifft aber der Coachee – nur er kennt sein System.

WHAT NEXT (ABSCHLUSSPHASE): Im letzten Schritt des Coachingprozesses schließlich entscheidet der Coachee, was seine nächsten konkreten Schritte sind. Was wird er als Erstes tun? Welche weiteren Schritte folgen? Gibt es noch etwas, das der Coachee dafür benötigt? Benötigt der Coachee noch etwas von Ihnen? Wann findet Ihr Review-Termin statt?

METHODE: REGELKREISE IM COACHING

- Wenn Ihr Coachee von einer Situation berichtet, in die festgefahren ist, oder von Situationen, die immer wiederkehren, stehen Regelkreise dahinter. Nutzen Sie dann diese Methode.
- Nehmen Sie eine konkrete Situation, in der der Regelkreis deutlich wird, als Aufhänger und arbeiten Sie mit dieser Situation – je konkreter Sie an der Situation bleiben, desto leichter wird Ihr Coachee Lösungsideen entwickeln.
- Unterscheiden Sie in der Klärungsphase deutlich zwischen den Handlungen (Was wurde ganz konkret getan oder gesagt?) und den subjektiven Deutungen (Was dachten Sie, was dachte Ihr Gesprächspartner?).
- Visualisieren Sie in der Klärungsphase den Regelkreis, visualisieren Sie auch die Lösungsideen in der Lösungsphase und die konkreten nächsten Schritte in der Abschlussphase.

UNSER TIPP: DER MINI-REGELKREIS

Manchmal fehlt die Zeit, den Regelkreis wie beschrieben in aller Ausführlichkeit zu bearbeiten. Dann kann der Mini-Regelkreis eine Alternative sein:

GOAL (ORIENTIERUNGSPHASE): Lassen Sie Ihren Coachee das Ziel formulieren und visualisieren Sie es.

REALITY (KLÄRUNGSPHASE): Schilderung einer konkreten Situation, Visualisierung des zentralen Regelkreises und Auflistung der bisherigen Lösungsversuche.

OPTIONS (LÖSUNGSPHASE): Sammeln Sie mit Ihrem Coachee, Möglichkeiten, den Regelkreis zu durchbrechen: Wo könnten Sie etwas anders machen? Was wären Ideen? Bringen auch Sie Ideen ein. Visualisieren Sie die Ideen und lassen Sie Ihren Coachee bewerten.

WHAT NEXT (ABSCHLUSSPHASE): Legen Sie die konkreten nächsten Schritte mit Ihrem Coachee fest. Was genau wird er als Nächstes tun? Was wird er anders machen als bisher?

THEORETISCHER HINTERGRUND

Regelkreise sind ein zentrales Merkmal sozialer Systeme. Als die Systemtheorie in den 1950er-Jahren entstand, war dies der neue und besondere Blickwinkel: Systeme haben verschiedene Elemente, die in Wechselwirkungen (Regelkreise) zueinanderstehen. Systemisch denken heißt insofern, die Aufmerksamkeit auf Regelkreise zu lenken.

- Frederik Vester (2002), ein früher Vertreter der Systemtheorie, thematisiert insbesondere ökologische Regelkreise wie den Zusammenhang zwischen künstlicher Bewässerung und Bodenerosion.
- Paul Watzlawick schildert in seinem Buch »Anleitung zum Unglücklichsein« (2015) eine Fülle von Alltagsbeispielen für Regelkreise, die aus den subjektiven Deutungen einer Situation entstehen.
- Fritz Glasl (2013) untersucht die Regelkreise in Konflikten und beschreibt, wie diese Regelkreise sowohl in Unternehmen als auch in der Politik zur Eskalation führen können.

- Peter Senge (2017) und Gilbert Probst (2007) untersuchen komplexe Regelkreise in Organisationen: Regelkreise zwischen Kosteneinsparungen und den Auswirklungen auf das Betriebsklima, Arbeitsqualität und langfristigen Umsatz und Gewinn.

LITERATURTIPPS

Die Bücher von Gordon, Watzlawick; Schulz von Thun und Rosenberg sind mittlerweile Klassiker, geben aber immer noch gültige Hinweise für die Arbeit mit Regelkreisen:

- Gordon, T. (2012): Mangerkonferenz. 19. Auflage. München: Heyne
- Schulz von Thun, F. (2018): Miteinander reden 1: Störungen und Klärungen. 55. Auflage. Reinbek: Rowohlt
- Watzlawick, P. (2015): Anleitung zum Unglücklichsein. 28. Auflage. München: Piper
- Rosenberg, M. B. (2016): Gewaltfreie Kommunikation. 12. Auflage. Paderborn: Junfermann

Viele Beispiele für Regelkreise und Möglichkeiten zur Auflösung finden sich auch bei

- Dehner, R./Dehner, U. (2007): Schluss mit diesen Spielchen! 3. Auflage. Frankfurt am Main: Campus

Der Blick nach außen: Systemgrenzen und Umwelt

SYSTEMGRENZEN

BEISPIEL: DIE SYSTEMGRENZE ZWISCHEN VERSCHIEDENEN STANDORTEN

Das Team von Frau Holzberg ist auf zwei Standorte verteilt. Ursprünglich gab es nur ein Team am Standort A. Aber vor zwei Jahren wurde ein Team des Standorts B in ihr Team eingegliedert, ohne dass die räumliche Trennung aufgehoben wurde. Die beiden Teams sind noch immer kein gemeinsames Team geworden. Mitarbeiter am Standort B beklagen sich über die »feindliche Übernahme«, Mitarbeiter am Standort A machen lieber »ihr Ding« ohne die anderen. Frau Holzberg spricht das Thema im Coaching an.

Das ist eine typische Situation, die etwas mit dem Thema »Systemgrenzen« zu tun hat: Zwei verschiedene Gruppen grenzen sich voneinander ab – das können, wie hier, Teams aus verschiedenen Standorten sein, oder die »Alten« und die »Neuen« innerhalb eines Teams, das können Produktion und Technik, Fachbereich und IT, Medizin und Pflege im Krankenhaus, verschiedene Abteilungen in der Stadtverwaltung, konkurrierende Forschungsprojekte … sein.

Wenn man sich im Gegensatz zu einem anderen System sieht, voneinander abschottet, dann deutet das darauf hin, dass die Systemgrenze starr und undurchlässig ist. Aber auch das Gegenteil ist möglich: Der ehemalige Geschäftsführer, mittlerweile in Rente, kommt noch jeden Tag ins Büro, um mit seinen ehemaligen Mitarbeitern zu reden und ihnen »unter der Hand« Aufträge zu geben

– was seine Nachfolgerin zur Verzweiflung treibt. Hier ist die Systemgrenze zu durchlässig. Oder die Systemgrenze ist unklar, diffus: Es ist nicht geklärt, was das Team allein entscheiden darf, wo der Vorgesetzte einbezogen werden muss – all das können Themen im Coaching sein.

Systemgrenzen grenzen verschiedene Systeme, aber auch verschiedene Subsysteme innerhalb eines Systems (zum Beispiel die Alten und die Neuen in einem Schulkollegium) voneinander ab. Systemgrenzen werden durch Regeln definiert:

- Was darf aus dem System nach außen gegeben werden?
- Unter welchen Bedingungen darf jemand von außen in das System kommen?
- Was wird im System entschieden? Was muss mit anderen abgestimmt werden?
- Wer hat welche Kompetenzen, Entscheidungen zu treffen?

SYSTEMGRENZE ALS THEMA IM COACHING

GOAL (ORIENTIERUNGSPHASE): Coachees bringen das Thema »Systemgrenzen« explizit eher selten ein. Sie berichten von Problemen zwischen Alten und Neuen, davon, dass sich der Vorgesetzte immer wieder in ihre Arbeit einmischt, möglicherweise von unklaren Kompetenzen. Dann ist es Ihre Aufgabe, das Thema in einen systemischen Kontext einzuordnen und deutlich zu machen, dass es hier um Systemgrenzen geht. Ob Sie dabei explizit den Begriff »Systemgrenze« einführen oder es lediglich umschreiben, bleibt Ihnen überlassen.

Hilfreich ist, auf die Sprache zu achten: Wenn Ihr Coachee von Problemen zwischen verschiedenen Gruppen berichtet oder Begriffe wie »abgrenzen«, »abschotten« verwendet, sich über fehlenden »Freiraum« beklagt, dann nutzen Sie das als Hinweis auf Systemgrenzen.

REALITY (KLÄRUNGSPHASE): Hier geht es darum, bestehende Systemgrenzen zu klären und zu beurteilen. Hierfür einige starke Fragen:

METHODE: REALITY: FRAGEN FÜR DIE KLÄRUNGSPHASE

- Was darf nur innerhalb des Systems geschehen?
- Was darf nach außen gegeben werden?
- Was kommt von außen in das System?
- Was dürfen Sie, was darf das Team entscheiden?
- Wo sind andere einzubinden?
- Wo treten hierbei Probleme auf?
- Welche Faktoren im System stützen die bisherigen Systemgrenzen? Wer hat Interesse daran, dass es so ist? Wer gewinnt/verliert bei Veränderung?

OPTIONS (LÖSUNGSPHASE): Je nach Zielsetzung wird es darum gehen, sich Systemgrenzen bewusst zu machen (zum Beispiel die Systemgrenze zwischen dem Coachee als Führungskraft und dem Team) oder sie abzuändern, also durchlässiger, weniger durchlässiger oder klarer zu gestalten. Auch hier können Sie wieder Ihre Erfahrung einbringen und Anregungen geben.

METHODE: VERÄNDERUNG VON SYSTEMGRENZEN

- Sie können den Coachee unterstützen, sich selbst über die eigene Rolle (und die damit verbundenen Systemgrenzen) klarzuwerden.
- Überlegen, wofür Ihr Coachee Verantwortung übernimmt, wofür nicht (Verantwortung abgeben bedeutet, eine Systemgrenze zu stärken).
- Kann Ihr Coachee das Thema Systemgrenzen (zum Beispiel unter der Überschrift »Freiraum und Grenzen«) im nächsten Jour fixe mit dem Vorgesetzten, in der Teambesprechung ansprechen?

- Wäre ein Teamworkshop, eventuell mit externer Moderation, eine Möglichkeit?
- Wenn sich Systemgrenzen nicht verändern lassen: Wie kann Ihr Coachee damit besser umgehen? Sind mikropolitische Taktiken eine Möglichkeit? Muss er lernen, damit zu leben?

WHAT NEXT (ABSCHLUSSPHASE): Wie in jedem Coachinggespräch geht es darum, das Ergebnis festzumachen und die nächsten Schritte zu planen. Hilfreich ist dabei in der Regel, einen Folgetermin zu planen: Veränderung von Systemgrenzen ist kein Thema, das sich von heute auf morgen durchführen lässt, sondern ist ein längerer Prozess. Im Folgetermin können Sie dann abklären, was gegriffen hat, was nachgebessert werden muss.

Ein hilfreiches Vorgehen für die Bearbeitung von Systemgrenzen sind analoge Verfahren, die das emotionale Denken des Coachees nutzen. Hierfür einige Anregungen:

METHODE: ANALOGE VERFAHREN ZUR BEARBEITUNG VON SYSTEMGRENZEN

- Das soziale System des Coachees mithilfe von Karten oder Stühlen visualisieren. Dabei werden meist Systemgrenzen zum Beispiel zwischen Subsystemen deutlich. Veränderungen können dann zunächst »im Bild« ausprobiert werden.
- Die Systemgrenze kann zum Beispiel durch eine Metaplantafel im Raum symbolisiert werden: Wie geht es dem Coachee vor und hinter der Grenze? Was muss er tun, um sie zu überschreiten?
- Ein Symbol oder Bild für die Systemgrenze wählen oder mit der Metapher »Grenze« arbeiten: Wie sieht diese Grenze aus? Ist sie ein Holzzaun, ein Stacheldraht? Gibt es Übergänge? Unter welchen Bedingungen darf man die Grenze überschreiten?

UMWELT

Umwelt ist der Bereich außerhalb des sozialen Systems, der uns vorgegeben ist. Das kann eine soziale Umwelt (Gesetzesvorgaben, Erlasse, Konzernentscheidungen) sein, die wir nicht beliebig abändern können. Umwelt kann auch die materiale Umwelt sein: die Technik, die IT, ebenso die Ausgestaltung des Raums (Ist es ein Großraumbüro? Gibt es überhaupt feste Arbeitsplätze?). Auch das kann Thema des Coachings sein. Hier einige Hinweise:

METHODE: UMWELT ALS THEMA IM COACHING

- Wie geht der Coachee mit Vorgaben von außen (zum Beispiel mit Aufträgen des Vorstands, Erlassen) um. Muss er sie detailliert umsetzen – oder nutzt er Interpretationsspielraum und setzt selbst Schwerpunkte? Kann er mikropolitische Taktiken nutzen?
- Welche Gestaltungsmöglichkeiten hat er bezüglich der IT? Kann er mitgestalten? Macht es Sinn, sich mit den Mitarbeitern der IT zusammenzusetzen oder eine gemeinsame Arbeitsgruppe zu bilden (womit das zum Thema »Systemgrenze« würde)?
- Inwieweit kann er sein räumliches Umfeld einrichten? Kann er das Büro anders gestalten – wir gehen im Rahmen von Coachingprozessen meist auch das Büro durch: Gibt es eine Sitzecke? Oder verschanzt sich der Coachee hinter einem Schreibtisch? Was kann er ändern?

THEORETISCHER HINTERGRUND

Bereits in der früheren Systemtheorie gehört die Abgrenzung zur Umwelt zu zentralen Merkmalen sozialer Systeme, wobei man dann zwischen offenen Systemen (die im Austausch mit ihrer Umwelt sind) und geschlossenen Systemen unterscheidet. Bei Niklas Luhmann (1984) ist die Abgrenzung zur Umwelt das zentrale Merkmal sozialer Systeme: Systeme definieren sich durch ihre Abgrenzung zur Umwelt, wobei die Systemgrenze eine Unterbrechung der Kommunikationsabläufe bedeutet. Das führt für Luhmann dazu, dass nicht Personen, sondern die Kommunikation Elemente sozialer Systeme sind. Soziale Systeme sind in der Tradition von Luhmann dann grundsätzlich geschlossene Systeme, die mit anderen Systemen – zum Beispiel Menschen als biologische Systeme – »strukturell gekoppelt« sind (z. B. Simon 2017).

In der Tradition der Familientherapie hat insbesondere Salvadore Minuchin (2015) die Systemgrenze besonders betont. Funktionierende Systemgrenzen (zum Beispiel zwischen Eltern und Kindern) sind für ihn entscheidendes Merkmal einer gesunden Familie.

Auch auf der Basis des hier zugrunde gelegten Konzepts der Personalen Systemtheorie bedeuten Systemgrenzen eine Unterbrechung von Kommunikationsabläufen (zum Beispiel zwischen benachbarten Abteilungen, Alten und Neuen), grenzen aber zugleich Personen voneinander ab. Wer dabei jeweils zum System, wer zur Umwelt gehört, ergibt sich aus der jeweiligen Fragestellung: Wenn es um die Strategie einer Schule geht, macht es Sinn, die Schulleitung als Teil des Systems zu verstehen. Wenn es dagegen um Kompetenzen zwischen Schulleitung und Kollegium geht, wird man beide zunächst als getrennte Systeme verstehen.

LITERATURTIPP

- Lindemann, H. (2019): Konstruktivismus, Systemtheorie und praktisches Handeln. Eine Einführung für pädagogische, psychologische, soziale, gesellschaftliche und betriebliche Handlungsfelder. Göttingen: Vandenhoeck & Ruprecht

Der Blick zurück und nach vorn: Entwicklung sozialer Systeme

Soziale Systeme (ein Team, ein Kollegium, ein Klinikum, eine Abteilung, eine komplexe Organisation) entwickeln sich: Sie sind irgendwann entstanden, haben sich verändert und werden sich weiter verändern, bis sie zu irgendeinem Zeitpunkt zu einem Ende kommen: Das Team wird aufgelöst, eine Organisation wird geschlossen. Oder: Die bisherige Führungskraft geht in Rente. Auch das ist der Abschluss eines sozialen Systems. Denn das, was danach entsteht, ist ein neues soziales System.

Entwicklung ist ein Merkmal, das soziale beziehungsweise lebende Systeme allgemein von technischen Systemen abgrenzt. Entwicklung ist damit auch Thema im systemischen Coaching: Den Coachee unterstützen, den Blick auf die Vergangenheit zu richten – aber auch nach vorn auf das, was kommen kann.

DER BLICK ZURÜCK

BEISPIEL: PROBLEME AUS DER GESCHICHTE

Frau Kolb ist Schulleiterin in einer größeren Schule. Es fällt ihr schwer, Kritik vorzubringen – gleichgültig, ob es sich um Kollegen an ihrer Schule handelt oder bei Vorgesetzten. Im Coaching erwähnt sie nebenher, dass sie dieses Problem auch früher schon hatte.

Der Hinweis, dass Frau Kolb schon früher Schwierigkeiten hatte, Kritik zu äußern, ist ein deutliches Signal, dass es sich hier um kein aktuelles Thema handelt, sondern dass die Wurzeln in der Vergangenheit liegen. Als Coach können Sie sich überlegen, ob Sie das ansprechen wollen. Aber Vorsicht: Probleme der Vergangenheit aufzudecken kann belastend sein. Daher sind das Vorgehensweisen, die hilfreich sein können, aber Erfahrung und Kompetenz des Coachs voraussetzen.

Wenn Sie als Coach den Blick auf die Vergangenheit lenken, dann bieten sich folgende Schritte an. Verdeutlicht am Beispiel:

- Frau Kolb wird aufgefordert, eine Situation aus der Vergangenheit zu schildern. Sie schildert eine Situation als Schülerin, in der sie sich nicht getraut hat, Kritik zu äußern.
- Entscheidend ist dann der nächste Schritt: deutlich zu machen, dass die Situation heute eine andere ist. Ihre Mitarbeiter, aber auch ihre Kollegen und Vorgesetzten sind nicht ihr damaliger Lehrer. Und vor allem: Sie selbst hat sich verändert. Sie hat in den Jahren seit ihrer Schulzeit Erfahrungen gesammelt und Kompetenzen erworben.
- Diese Erfahrungen und Kompetenzen kann sie jetzt nutzen. Als Coach können Sie sie unterstützen, sich den Unterschied zwischen heute und damals zu verdeutlichen und sich zu überlegen, was ihre jetzigen Kompetenzen sind, die sie erworben hat, und wie sie diese jetzt nutzen kann.
- Sie können auch mit Symbolen oder Bilder arbeiten: Was wäre ein Bild für die damalige, welches passt für die gegenwärtige Situation?

Die Vergangenheit ist nicht nur Wurzel möglicher Probleme, sie ist auch Quelle unbewusster Ressourcen, die im Coaching bewusst gemacht und genutzt werden können: »Können Sie sich an eine Situation erinnern, wo Sie erfolgreich Kritik geübt haben?« Lassen Sie diese Situation konkret schildern und überlegen, was davon Ihr Coachee für die gegenwärtige Situation nutzen kann.

METHODE: BLICK AUF DIE VERGANGENHEIT

- Kennen Sie diese Situation, dieses Problem von früher?
- Können Sie dafür ein konkretes Beispiel aus Ihrer Vergangenheit schildern?
- Wenn Sie die damalige Situation mit heute vergleichen: Was ist heute anders?
- Welche Ressourcen, Fähigkeiten, Kompetenzen haben Sie im Laufe Ihres Lebens erworben, die Sie jetzt in der aktuellen Lage nutzen können?
- Was hat Ihnen in der Vergangenheit geholfen, Erfolge zu erzielen oder schwierige Situationen zu bewältigen? Was davon können Sie jetzt nutzen?

ENTWICKLUNGSPHASEN

Sie kennen vermutlich verschiedene Phasenmodelle wie die Phasen der Teamentwicklung, die Change-Phasen in Anlehnung an Elisabeth Kübler-Ross, die Phasen erfolgreicher Veränderungen bei John P. Kotter.

Die Geschichte in Phasen zu gliedern, ist eine Möglichkeit, die eigene Vergangenheit zu strukturieren. Das schafft zugleich Distanz zur gegenwärtigen Situation: Es wird einerseits deutlich, dass man gegenwärtigen Problemen nicht ausgeliefert ist, sondern dass sie eine Phase sind, an die sich eine andere, »bessere« Phase anschließen kann. Andererseits macht die Gliederung in Phasen ebenso deutlich, dass auch Erfolge nicht ewig bestehen bleiben, sondern dass sich andere Phasen, mit neuen Herausforderungen, möglicherweise mit Problemen, aber dann auch wieder mit neuen Erfolgen anschließen können.

BEISPIEL: DAS UNTERNEHMEN WIRD VERKAUFT

Frau Weber ist Leiterin der Personalentwicklung in der Firma Grünberg, einem Unternehmen mit ungefähr 750 Mitarbeitern. Sie hat hier in den letzten Jahren viel aufgebaut: Es gibt ein Laufbahnkonzept, Coaching für Führungskräfte, ein Mentorenprogramm wurde für jüngere Führungskräfte und es gibt verschiedene Formen der Mitarbeitergespräche. Sie ist damit bei der Geschäftsführung akzeptiert. Doch das Unternehmen wird von einem größeren Konzern aufgekauft.

Frau Weber erhält den Auftrag, die Integration in den neuen Konzern zu unterstützen. Sie stürzt sich mit Feuereifer in diese Aufgabe. Doch die Fusion verzögert sich, sie erhält keinerlei Informationen. Endlich, acht Monate später, wird das Unternehmen offiziell Teil des neuen Konzerns. Voller Engagement versucht Frau Weber, Kontakt zu ihren neuen Kollegen aufzubauen und ihre Konzepte einzubringen. Doch wieder läuft sie ins Leere. Im Konzern sind alle Personalprozesse klar definiert. Es existieren zum Beispiel feste Formen der Mitarbeiterbefragung. Alles ist klar geregelt. Sie müht sich ab, geht auf die neuen Ansprechpartner zu – doch vergebens. Nach fast einem Jahr vergeblicher Versuche ist sie mit ihren Nerven am Ende. Sie traut sich nichts mehr zu, wird unsicher, verkrampft, gerät in die Schusslinie und zieht sich zurück – sie ist damit ziemlich unglücklich. Sie weiß, dass sich etwas verändern muss – aber was?

Das ist eine Situation, in der es hilfreich sein kann, ein Phasenmodell einzuführen: »Ich höre hier heraus, dass es hier unterschiedliche Phasen gab. Lassen Sie uns doch diese verschiedenen Phasen anschauen«. Frau Weber unterscheidet vier Phasen, denen sie unterschiedliche Überschriften gibt:

- die Startphase in der ursprünglichen Organisation
- die Erfolgsphase

- die Phase der Unsicherheit
- ins Leere laufen

Jede Phase wird betrachtet: Was waren Merkmale dieser Phase? Welche besonderen Probleme und Herausforderungen traten auf? Aber auch: Was hat Frau Weber in den verschiedenen Phasen geholfen, Schwierigkeiten zu überwinden und erfolgreich zu sein. Frau Weber wird deutlich, dass die Vergangenheit keineswegs immer so ideal war, wie sie sich es manchmal schönredet, sondern dass es ebenfalls Probleme gab, dass sie aber auch über Ressourcen verfügt, die ihr geholfen haben, Schwierigkeiten zu überwinden.

Die Optionsphase beginnt mit der Frage, welche Phase sich denn als nächste anschließen könnte. Frau Weber zögert kurz: »eine Phase der Eigenständigkeit«. Sie beschreibt diese Phase: Sie versucht, trotz der Einbindung in den Konzern ihre Eigenständigkeit so weit als möglich zu bewahren, ihren vorgegebenen Rahmen kreativ zu nutzen und unter der Hand auszuweiten und ihre Konzepte weiterzuentwickeln. Vielleicht bietet sich ja im Laufe der Zeit die Möglichkeit, ihre Konzepte stärker in den Konzern einzubringen – oder es schließt sich möglicherweise eine Phase an, in der sie sich selbstständig macht. Und ihr wird deutlich, sie hat dafür die erforderlichen Ressourcen.

METHODE: GLIEDERUNG DER ENTWICKLUNG IN PHASEN

GOAL (Orientierungsphase): Häufig gibt Ihr Coachee selbst Hinweise auf eine mögliche Gliederung in Phasen, wenn er zwischen früher und jetzt unterscheidet oder von den Schwierigkeiten einer Anfangsphase berichtet und davon, dass es jetzt schlechter geworden ist. Dann haben Sie als Coach die Möglichkeit, daran anzuschließen und vorzuschlagen, diese Phasen genauer zu betrachten. Einige mögliche starke Fragen sind die folgenden.

REALITY (Klärungsphase):

- In welche Phasen können Sie Ihre bisherige Entwicklung gliedern?
- Was wäre eine Überschrift, ein Motto für diese Phase (und dann die weiteren Phasen)?
- Was sind besondere Merkmale für diese Phase?
- Was wäre ein Symbol, ein Bild für diese Phase?
- Was waren Herausforderungen?
- Was haben Sie getan, diese Phase zu bewältigen?
- Was waren Ihre Ressourcen?
- Was hat Ihnen dabei geholfen?

OPTIONS (Lösungsphase):

- Welche Phase könnte sich anschließen?
- Wie würden Sie diese Phase bezeichnen? Welches Motto, welches Bild, welches Symbol könnte diese Phase kennzeichnen?
- Was könnten Merkmale dieser Phase sein?
- Wenn Sie auf Ihre früheren Phasen zurückschauen: Was davon möchten Sie bewahren, was verändern?
- Was von Ihren Ressourcen aus der Vergangenheit können Sie jetzt nutzen?
- Wie können Sie den Übergang in die kommende Phase gestalten? Welche Kräfte unterstützen den Übergang? Welche Kräfte stehen ihm entgegen?
- Was haben Sie für weitere Ideen?

WHAT NEXT (Abschlussphase): Ergebnis ist in der Regel ein Handlungsplan – möglicherweise aber auch ein Bild oder ein Symbol für die neue Phase oder eine Vision – wir kommen im Kapitel Strategie nochmals darauf zurück.

Anregung zur Weiterarbeit: Auch hier gilt wieder, was wir schon zu anderen Themen vorgeschlagen haben: Probieren Sie das Vorgehen erst bei sich (oder zusammen mit einem Kollegen oder einer Kollegin) aus:

- Überlegen Sie, wie Sie Ihr Leben, Ihre berufliche Laufbahn in Phasen gliedern würden. Was wären Merkmale, Herausforderungen dieser Phasen, Ressourcen, die Ihnen geholfen haben? Was können Sie davon für die Zukunft nutzen?
- Gehen Sie Gespräche, die Sie mit Ihren Coachees geführt haben, durch: Wo hätte es sich angeboten, die Vorgeschichte oder verschiedene Phasen zu betrachten? Welche Fragen hätten Sie stellen können?

THEORETISCHER HINTERGRUND

Dass es hilfreich ist, zur Lösung gegenwärtiger Probleme den Blick auf die Vergangenheit zu richten, ist These einer Reihe psychotherapeutischer Konzepte, angefangen von Psychoanalyse und Individualpsychologie (hier insbesondere der Blick auf die Kindheit) über Familientherapie bis zu neueren Konzepten wie Schematherapie und Strategisch-behaviorale Therapie (s. Übersicht bei König/Volmer 2020, S. 111 f.).

In der Systemtheorie sind in diesem Zusammenhang insbesondere Fritjof Capra und Frederic Vester zu nennen, die ein biologisches Systemmodell entwickelt haben. In dieser Tradition ist auch Fredmund Malik zu nennen, für den Organisationen »weitgehend selbständernde, selbstevolvierende und selbstorganisierende Systeme« sind (Malik 2000, S. 176).

Die Gliederung der Entwicklung in Phasen geht letztlich auf die Evolutionstheorie von Charles Darwin zurück, der zufolge Entwicklung durch Tradierung, Variation und Selektion gekennzeichnet ist. Im Grunde findet sich dieser Ansatz in den genannten starken Fragen: Was soll aus früheren Phasen tradiert werden? Was soll in der jetzigen Phase verändert werden? Welche Option wird schließlich ausgewählt?

LITERATURTIPPS

Eine hilfreiche Einführung in die verschiedenen psychotherapeutischen Konzepte gibt:

- Kriz, J. (2014): Grundkonzepte der Psychotherapie. 7. Auflage. Weinheim, Basel: Beltz

Lesenswert auch immer noch:

- Vester, F. (2002): Unsere Welt – ein vernetztes System. 11. Auflage. München: dtv

Teil 3

Systemisches Coaching: Handlungsfelder

Transition-Coaching

EINE NEUE POSITION – EIN NEUES SYSTEM

BEISPIEL: DER START ALS LEHRERIN

Anja hat das Referendariat abgeschlossen und tritt jetzt ihre erste Stelle als Lehrerin in einem Gymnasium an. Vieles ist fremd für sie. Sie kannte sich aus in der Universität und im Studienseminar, sie hat zudem im Rahmen ihrer Praktika verschiedene Schulen kennengelernt. Doch wie wird es werden, wenn sie als neue Lehrerin in ein fremdes Kollegium kommt?

Stellen Sie sich vor, Sie arbeiten als interner oder externer Coach für diese Schule oder Sie haben als Mentorin hier die Rolle des Coachs übernommen. Oder Sie sind Ausbilder im Studienseminar und bereiten Anja auf ihre neue Rolle vor. Das bedeutet, es ist Ihre Aufgabe, Anja zu coachen. Sie begeben sich mit ihr auf die Suche nach Antworten auf folgende Fragen: Was sind ihre Gedanken und Befürchtungen? Welche möglichen Stolpersteine tauchen auf? Wie könnte sie in den ersten hundert Tagen vorgehen?

ÜBERGÄNGE ALS WECHSEL IN EIN NEUES SYSTEM

Im Studienseminar kannte sich Anja aus. Sie wusste, dass sie Herrn Bergmeier, ihrem Ausbilder, gegenüber klar ihre Meinung vertreten durfte. Sie wusste auch, bei wem sie sich eher vorsichtig zu verhalten hatte. Das Risiko für Anja besteht nun darin, dass sie sich in der neuen Schule so verhält, wie sie es gewohnt ist. Doch es kann sein, dass es an der Schule »ganz anders« abläuft, dass sie zum Beispiel vorsichtig mit Kritik sein muss, dass bestimmte Erwartungen an die Neue gestellt werden, die ihr zunächst fremd sind.

Anja kommt aus einem ihr vertrauten sozialen System (dem Studienseminar) in ein neues, ihr zunächst fremdes soziales System. Den Wechsel in eine neue Organisation, eine neue Position vergleichen wir mit der Reise in ein fremdes, unbekanntes Land. Wenn Sie zum Beispiel zu Besuch zu Geschäftspartnern nach Sumatra kommen, wissen Sie nicht, wie es dort abläuft – es sei denn, die Gepflogenheiten in Sumatra sind Ihnen vertraut: Was wird von Ihnen erwartet? Werden Gastgeschenke erwartet? Wie soll sich ein Besuch einführen?

Das Gleiche gilt für Anja: Sie muss sich bewusst machen, dass sie in ein neues soziales System kommt, das ihr zunächst fremd ist (auch wenn sie meint, alles zu verstehen):

- Es sind *neue Personen* (neue Stakeholder), mit denen sie zu tun hat. Sie muss herausfinden, auf wen sie mit Fragen zugehen oder wen sie um Unterstützung bitten kann, bei wem sie mit Kritik vorsichtig sein sollte, wer möglicherweise als graue Eminenz im Hintergrund die Fäden zieht.
- Es gilt, die *subjektiven Deutungen* im sozialen System herauszufinden: Was erwartet die Schulleiterin von ihr? Was erwarten die Kollegen von einer Neuen? Wichtig ist, dass sie auch ihre eigene Deutung der Situation erkennt und sie möglicherweise verändert: Freut sie sich auf die neue Position – oder hat sie Beklemmungen? Muss Sie möglicherweise daran arbeiten, das Positive zu sehen?
- Sie muss, und das ist einer der entscheidenden und besonders heiklen Punkte, die geheimen *Regeln des Systems* herausfinden. Sicherlich wird sie relativ schnell die offiziellen Regeln erfassen: zum Beispiel die Stundenplanorganisation. Schwieriger sind die geheimen Regeln: Darf man hier an älteren Kollegen Kritik üben oder verstehen die das als persönlichen Angriff und reagieren mit Ablehnung? Muss man sich an bestehende Traditionen hal-

ten oder darf man auch als Neue Vorschläge zur Veränderung machen?

- Gibt es typische *Regelkreise* – zum Beispiel, dass in einer Besprechung offiziell Vereinbarungen getroffen werden, aber sich im Endeffekt fast niemand daranhält?
- Welche Bedeutung hat die *Systemumwelt*? Welche Internetstruktur steht zum Beispiel zur Verfügung? Und wie wird sie tatsächlich genutzt? Wie sind die Systemgrenzen zu anderen Systemen definiert? Wie ist der Kontakt zu Eltern, zur Schulpflegschaft, zu anderen Organisationen im kommunalen Umfeld? Welche Möglichkeiten hat sie, hier selbst aktiv zu werden? Gibt es Subsysteme (zum Beispiel zwischen Alten und Neuen), die sich bewusst voneinander abgrenzen oder sich gar gegenseitig bekriegen?
- Und schließlich: Welche *Vorgeschichte* hat diese Schule? Gibt es eine lange gemeinsame Tradition? Oder ist das Kollegium zusammengewürfelt? Schließlich: Anja muss ein Gefühl dafür entwickeln, wie schnell sie bei der Umsetzung neuer Ideen vorgehen kann: Soll sie das möglichst schnell vornehmen? Oder sich besser langsam und schrittweise herantasten?

Wenn man den Wechsel in eine neue Position als Übergang in ein neues, bislang fremdes soziales System versteht, dann ergibt sich daraus als erste Konsequenz, sich dafür Zeit zu lassen – nicht ohne Grund spricht man von den ersten hundert Tagen (nur, dass es in der heutigen schnelllebigen Zeit häufig ein kürzerer Zeitraum ist, den man für eine solche Anfangsphase zur Verfügung hat).

In Anlehnung an die Übergangsforschung lassen sich solche Übergänge in verschiedene Phasen gliedern.

DIE ABLÖSUNGSPHASE: Anja nimmt von ihrem bisherigen sozialen System (dem Studienseminar) Abschied – und das nicht nur äußerlich, sondern auch innerlich. Sie muss loslassen und sich Zeit nehmen, sich auf das neue System einzustellen.

DIE STARTPHASE: Der erste Tag in der neuen Schule – wo sie von vielen freundlich begrüßt, aber möglicherweise von einigen kritisch beäugt wird. Wir wissen, wie entscheidend der erste Eindruck ist: Je nachdem, welchen Eindruck sie bei den ersten Begegnungen macht, wird ihr der Einstieg mehr oder weniger gut gelingen.

DIE DIAGNOSEPHASE: Diese Phase wird häufig übersehen, weil zu schnell agiert wird. Für Anja ist wichtig, dass sie das neue System zunächst einmal verstehen lernt. Sie muss sich überlegen, wie sie dieses Wissen erlangt: durch Beobachtung, durch Gespräche mit einzelnen Kollegen, möglicherweise im Austausch mit den anderen Neuen.

DIE INTEGRATIONSPHASE: Hier geht es für Anja darum, ihre Position und Rolle im neuen System zu finden und für ihre Arbeit Schwerpunkte zu setzen.

Coaching für Übergänge oder »Transition-Coaching« bedeutet, Coachees dabei zu unterstützen, diesen Übergang erfolgreich zu bewältigen und zu gestalten.

TRANSITION-COACHING

Coaching, so hatten wir im ersten Teil formuliert, ist immer Prozessberatung, anteilig aber auch Expertenberatung. Transition-Coaching ist grundsätzlich beides: Prozessberatung und Expertenberatung. Für unser Beispiel bedeutet das, Anja zum einen zu unterstützen, sich über ihre Rolle als neue Lehrerin klar zu werden, vielleicht ihre Vision als Lehrerin zu entwickeln – das legt den Schwerpunkt auf Prozessberatung. Und ihr zum anderen Anregungen für die einzelnen Phasen zu geben (Expertenberatung):

COACHING MIT BLICK AUF DIE ABLÖSUNGSPHASE: Dies mag vielleicht für unser Fallbeispiel wenig relevant sein (der Abschluss im Studienseminar ist klar geregelt). Aber wenn Ihr Coachee zum Beispiel in der gleichen Organisation eine neue Position erhält, dann ist er meist zwischen zwei Feldern hin- und hergezogen: Im ursprünglichen Arbeitsbereich wird er mit Aufgaben zugeschüttet, die alle noch erledigt werden müssen – und zugleich kommt der neue Bereich auf ihn zu »Können Sie nicht schon mal …«. Hier ist es hilfreich, rechtzeitig den Abschluss zu thematisieren. Als Coach können Sie folgende Fragen stellen sowie Anregungen zu den einzelnen Phasen des Übergangs geben.

METHODE: FRAGEN UND ANREGUNGEN ZUR ABLÖSUNGSPHASE

- Auf der einen Seite: Was muss Ihr Coachee in der alten Position wirklich noch erledigen? Welche Projekte will er unbedingt abschließen? Auf der anderen Seite: Was kann liegenbleiben? Was kann er seiner Nachfolgerin übergeben?
- Wie will Ihr Coachee den Abschluss im alten sozialen System gestalten? Von wem will er sich persönlich verabschieden? Schickt er eine E-Mail? Gibt es eine Abschlussfeier? Wen möchte er dazu einladen?
- Schließlich: Abschluss ist stets ein innerlicher Abschluss: das alte System und die alte Aufgabe loslassen können, den Kopf – und das Herz – frei bekommen für das, was auf einen zukommt. Überlegen Sie mit Ihrem Coachee, was er hier tun will. Sie können als Coach Anregungen einbringen, zum Beispiel:
  - *Die alten Unterlagen sortieren:* Was kann weggeworfen oder dem Nachfolger weitergegeben werden? Was will er für die neue Aufgabe aufbewahren, was vielleicht als Erinnerung aufbewahren?
  - *Die Lernerfahrungen aus der alten Position aufarbeiten:* Was hat Ihr Coachee in der alten Position gelernt? Was waren sei-

ne Erfolge und die Faktoren, die dazu beigetragen haben? Was will er beibehalten? Was will er anders machen?

- *Sich Zeit für den Abschluss schaffen:* Abschied nehmen braucht Zeit. Sie können Ihrem Coachee vorschlagen, einige Tage Urlaub zu machen, vielleicht irgendwo hinzufahren, um Distanz zu gewinnen …

COACHING MIT BLICK AUF DIE STARTPHASE: In vielen Fällen ist der Einstieg vorgegeben. Anja weiß, wann sie anfängt, dass sie zunächst von der Schulleiterin, dann in einer Lehrerkonferenz begrüßt wird, dass sie von ihrem Vorgänger Informationen über die Klasse bekommt, die sie übernehmen soll. In anderen Fällen ist der Einstieg völlig unstrukturiert: Die neue Abteilungsleiterin weiß, dass ihr Vorgesetzter an ihrem ersten Tag abwesend ist und dass sie irgendwie selbst den Weg ins Sekretariat und ihr Team finden muss. So oder so, diese Startphase muss überlegt werden – der erste Eindruck ist entscheidend.

METHODE: FRAGEN UND ANREGUNGEN ZUR STARTPHASE

- Von wem kann Ihr Coachee Informationen über den ersten Tag erhalten? Wie läuft es ab? Wird erwartet, dass er oder sie zum Einstand etwas mitbringt? Oder wäre das gegen geltende Regeln?
- Um wie viel Uhr soll er kommen? – Es wäre misslich, wenn der neue Abteilungsleiter morgens um halb acht da wäre, die Teammitglieder aber nicht vor neun Uhr eintreffen.
- Es wird im Grunde immer erwartet, dass der oder die Neue sich vorstellt – sei es Anja im Kollegium und ihrer Klasse, die neue Abteilungsleiterin bei ihrem Team. Alle wollen wissen, wie der oder die Neue tickt. So einfach das klingt, ist es durchaus heikel, weil man etwas sagen muss, aber im Grunde das System über-

haupt nicht kennt. Unterstützen Sie Ihren Coachee dabei, was er sagen kann: zum Beispiel eine Geschichte erzählen, die ihn als Person charakterisiert, dass er sich auf das neue Kollegium, die Klasse, das Team freut, wie er sich den Ablauf der nächsten Wochen vorstellt, dass er zunächst die Einzelnen kennenlernen möchte …

COACHING MIT BLICK AUF DIE DIAGNOSEPHASE: Diese Phase ist für den Erfolg in der neuen Position die entscheidende, geht aber häufig im Tagesgeschäft unter. Entwickeln Sie daher mit Ihrem Coachee einen Plan für diese Diagnosephase!

METHODE:
FRAGEN UND ANREGUNGEN ZUR DIAGNOSEPHASE IM NEUEN SYSTEM

Grundsätzlich geht es hier darum, ein neues soziales System zu »verstehen«: Wer sind die relevanten Personen (die Stakeholder) für die neue Position? Was sind ihre Sichtweisen und Einstellungen? Und: Welche offiziellen und geheimen Regeln gelten? Welche Regelkreise bestehen? welche Bedeutung haben die Umwelt und die Vorgeschichte der Organisation?

Grundsätzlich bieten sich verschiedene Möglichkeiten an, die Sie mit Ihrem Coachee durchgehen können:

- Naheliegend ist, sich *relevante Unterlagen* anzuschauen. Aber Vorsicht: Allzu leicht versinkt der Coachee in der Fülle der Unterlagen und verliert den Überblick. Günstiger ist, diese zusammen mit einem Gesprächspartner durchzugehen, der wichtige Punkte kommentiert.
- *Beobachtung:* Hier gilt es, offenen Auges die ersten Wochen im System zu erleben. Was ist auffällig, was ungewohnt? Eine solche »teilnehmende Beobachtung« ist kein distanziertes Beobachten

von Fakten, sondern bedeutet, zugleich »ein Gefühl« für das System zu bekommen.

- *Interviews:* In der Sozialwissenschaft ist das offene Interview das wichtigste Instrument, um ein neues System kennenzulernen. Es ist durch wenige offene Fragen gekennzeichnet, zu denen Gesprächspartner frei ihre Gedanken äußern können. Im Grunde kann das Ihr Coachee nutzen, nur wird er das sinnvollerweise nicht »Interview« nennen, sondern »Kennenlerngespräch«. Er kann Fragen stellen, ohne selbst Position zu beziehen: »Mir geht es heute darum, den neuen Arbeitsbereich kennenzulernen. Dafür würde ich gern Ihre Sicht erfassen«.

  Bewährt haben sich dabei etwa folgende Fragen:
  - Aus Ihrer Sicht: Was sind Stärken und Schwachstellen meines neuen Arbeitsbereichs (meiner Klasse, meiner Abteilung)?
  - Was sind die Herausforderungen, die auf mich/uns zukommen?
  - Was wären Ihre Vorschläge, diese Herausforderungen anzugehen?
  - Davon abgesehen: Was würden Sie mir als Neuem oder Neuer für die Anfangsphase empfehlen? Welche möglichen Fettnäpfchen gibt es, die ich vermeiden sollte?

  Auch wenn diese letzte Frage ungewohnt klingt, ist sie in vielen Fällen hilfreich. Sie bringt Ihrem Coachee häufig wirklich wichtige Hinweise – und sie macht deutlich, dass der oder die Neue versucht, das System zu verstehen.

  Sie können mit Ihrem Coachee durchgehen, mit wem er solche Gespräche führen sollte. Sie können anregen, wichtige Punkte aus den Gesprächen aufzuschreiben und anschließend inhaltlich zu strukturieren – in der Sozialforschung nennt man das »inhaltsanalytische Auswertung«. Sie kennen das vielleicht als Clustern von Moderationskarten oder Klebezetteln.

COACHING MIT BLICK AUF DIE INTEGRATIONSPHASE: Die Diagnosephase hilft dem Coachee, das neue System besser zu verstehen. Aber das befreit ihn nicht davon, sich eine Strategie zu überlegen. Anja überlegt sich, wo sie Ihre Schwerpunkte setzt und wie sie ihre Rolle im System definiert. Ein neuer Abteilungsleiter wird ebenso strategische Schwerpunkte für seine Abteilung festlegen. Wie und in welcher Form das geschieht, ob zum Beispiel Anja sich einen halben Tag Zeit nimmt, die Ergebnisse ihrer Diagnosephase zu reflektieren und daraus für sich Konsequenzen zu ziehen, oder ob der neue Abteilungsleiter einen Strategieworkshop mit seinem Team durchführt, kann im Coaching besprochen werden.

METHODE: FRAGEN UND ANREGUNGEN ZUR INTEGRATIONSPHASE

Sie können mit Ihrem Coachee die folgenden Fragen durchgehen:

- Was sind die zentralen Ergebnisse der Diagnosephase? Welche Themen wurden angesprochen?
- Was davon will Ihr Coachee übernehmen? Wovon will er sich abgrenzen?
- Was ist die Vision Ihres Coachees als Führungskraft, als Lehrerin, als Fachexperte? Welches Bild kann das verdeutlichen?
- Auf welche Schwerpunkte will sich Ihr Coachee konzentrieren? Was will er dagegen hintenanstellen?

Die Hinweise zeigen: Transition-Coaching erfordert einen beträchtlichen Teil Expertenberatung: Sie als Coach geben Anregungen zum Beispiel zur Gestaltung des ersten Tages oder zur Durchführung der Kennlerngespräche. Aber: Systemisches Coaching bedeutet eben, kein Konzept und kein Vorgehen von außen überzustülpen. Das Vorgehen muss zur Situation, zum System und insbesondere zu Ihrem Coachee passen.

Daher gilt: Sie können Ideen und Anregungen einbringen – aber Ihr Coachee entscheidet, was davon für ihn und seine Situation passt. Das erfordert von Ihnen als Coach, eigene Ideen loszulassen (was bisweilen schwierig ist) und Ihren Coachee zu unterstützen, seinen eigenen Weg zu finden. Dies bedeutet, nach dem Einbringen eigener Ideen in der Optionsphase wieder zurück zur Prozessberatung zu wechseln: den Coachee zu unterstützen, sich darüber klar zu werden, was für ihn passt. Dazu sollten Sie sich Ihrer Rolle als Coach bewusst sein.

Anregung zur Weiterarbeit: Um ein Gefühl für die anstehenden Aufgaben beim Transition-Coaching zu bekommen, können Sie Ihren letzten Übergang (zum Beispiel in eine neue Position) reflektieren:

- Wie haben Sie die einzelnen Phasen durchgeführt?
- Was würden Sie heute aufgrund Ihrer Erfahrung oder Ihres Wissens anders machen?

THEORETISCHER HINTERGRUND

Das grundlegende Modell für Übergänge stammt vom französischen Anthropologen Arthur van Gennep (2005), der drei Phasen unterscheidet: Ablösungsphase, Schwellenphase und Integrationsphase. Dieses Modell wird auch neueren Konzepten häufig zugrunde gelegt. Wenn man aber Übergänge als Übergänge in ein soziales System versteht (Bührmann 2008), so stellen sich im Coaching zwei Aufgaben:

- Den Coachee zu unterstützen, dieses neue System zu »verstehen« und
- ihn zu unterstützen, sich in diesem System zu positionieren.

LITERATURTIPPS

Eine Übersicht über die Übergangsforschung bietet:

- Schroer, W./Stauber, B./Walther, A./Bohnisch, L./Lenz, K. (Hrsg.) (2013): Handbuch Übergange. Weinheim und Basel: Beltz Juventa

Viele praktische Anregungen für Ihren Coach finden Sie zum Beispiel bei:

- Bridges, W./Bridges, S. (2018): Managing Transitions. Erfolgreich durch Übergänge und Veränderungsprozesse führen. München: Vahlen

Wohin geht die Reise? Vision und Strategie

BEISPIEL: WO WILL ICH DENN EIGENTLICH HIN?

Herr Schroth ist schon seit mehreren Jahren Führungskraft eines kleineren Teams. Doch in letzter Zeit entwickeln sich die Dinge nicht so, wie er es sich wünscht. Er hat eine neue Vorgesetzte, mit der er kaum klarkommt, ein Teil seiner Mannschaft wurde in den Bereich eines Kollegen verschoben, und seine Tätigkeiten sind nicht wirklich das, was ihn »vom Hocker reißt«. Herr Schroth denkt über seine Situation nach und stellt fest: Es ist Zeit für eine Veränderung. Doch was heißt das ganz konkret? Was soll er denn dann machen? Was will er überhaupt machen? Er hat keine Idee.

Das ist eine Situation, die im Coaching häufiger vorkommt: Ein Coachee möchte sich verändern, weiß aber noch nicht genau wohin und wie er das überhaupt anstellen soll.

Das Modell, das Sie in einem solchen Fall im Coaching zugrunde legen können, ist das Strategiemodell. Das mag vielleicht verwunderlich klingen, denn Strategie verbindet man zunächst mit großen Organisationen: die Strategie eines Konzerns, eines Bildungszentrums, eines Klinikums, aber möglicherweise auch die Strategie eines Bereichs oder eines Teams. Bei einer Strategie geht es grundsätzlich darum, die langfristige Richtung festzulegen: In welche Richtung wollen wir uns entwickeln? Worauf konzentrieren wir unsere Energie?

Doch das ist letztlich genau die Fragestellung von Herrn Schroth. Auch ihm geht es um die langfristige Richtung: Will er seine Position in der Firma ausbauen? Will er möglicherweise in ein anderes Unternehmen wechseln? Will er sich vielleicht selbstständig machen?

Eine Strategie hat grundsätzlich drei Teile:

- *Vision:* Wie ist mein Idealbild der Zukunft?
- *Klärung der Ist-Situation:* Wo liegen meine Stärken, die ich für die Vision nutzen kann? Aber auch: Was sind Schwachstellen? Wer sind wichtige Stakeholder? Welche Umweltfaktoren sind zu berücksichtigen?
- *Klärung der Umsetzung:* Wie komme ich von der Ist-Situation zu meiner Vision? Was sind die nächsten konkreten Schritte?

Folgendes Bild verdeutlicht den Strategieprozess:

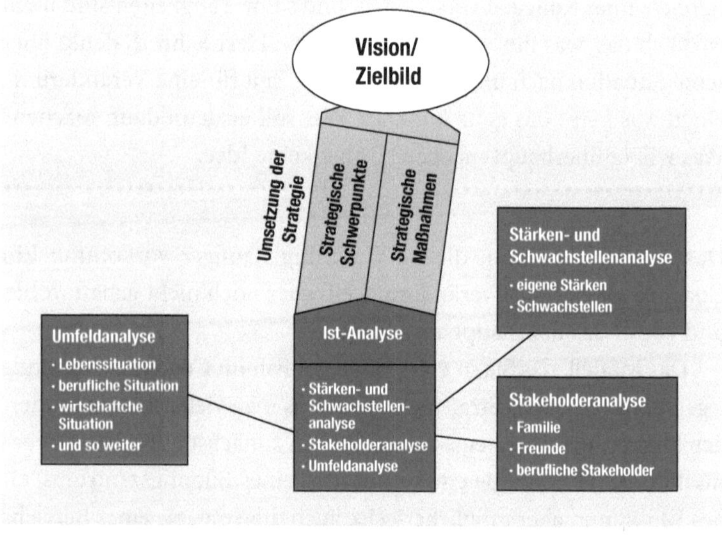

STRATEGIECOACHING

Strategiecoaching ist meist ein längerer Prozess über zwei bis drei Sitzungen oder sogar mehr. Beginnen kann man mit der Ist-Analyse oder mit der Vision. Der Vorteil mit der Vision zu starten ist, dass auch die späteren Schritte bereits auf die Vision ausgerichtet sind. Das ist unsere bevorzugte Struktur. Der andere Weg ist ebenfalls denkbar: Mit der Ist-Analyse zu starten und von da aus mögliche Richtungen festzulegen.

Herr Schroth formuliert als Ziel für das Coaching: »Ich habe Klarheit darüber, was ich beruflich in drei Jahren machen möchte, und habe Schritte definiert, wie ich dahin komme.« Wir vereinbaren, dieses Ziel anhand eines Strategieprozesses über mehrere Sitzungen zu bearbeiten, beginnend mit der Vision.

DIE ERARBEITUNG DER VISION: Eine Vision, so lässt sich definieren, ist das emotional gespeicherte Bild einer idealen zukünftigen Situation. Wichtig ist »emotional gespeichert« – eben darin unterscheidet sich die Vision von Zielen, die rational kodiert sind. Eine Vision wirkt auf emotionaler Ebene. Sie ist etwas Kraftvolles, Positives, Motivierendes. Sie sollte so gestaltet sein, dass der Coachee Lust und Energie verspürt, sie zu erreichen. Das Antoine de Saint-Exupéry zugeschriebene Zitat verdeutlicht die Motivation, die durch eine Vision entsteht: »Wenn du ein Schiff bauen willst, dann trommle nicht Männer zusammen, um Holz zu beschaffen, Aufgaben zu vergeben und die Arbeit einzuteilen, sondern lehre den Männern die Sehnsucht nach dem weiten, endlosen Meer.« Wenn ich weiß, wohin ich will, und eine Sehnsucht habe, dieses zu erreichen, werde ich intuitiv die Schritte gehen, um dorthin zu gelangen. Das bedeutet, dass eine Vision nicht einfach rational überlegt werden kann, sondern das emotionale Denken einbezogen werden muss. Wir gehen in der Regel in folgenden Schritten vor – ähnlich den Schritten, die wir bei der Arbeit mit Symbolen bereits dargestellt haben:

- *Hinführung zur Vision:* Stellen Sie sich folgendes Szenario vor. Ihnen wird gesagt: »Beschreiben Sie doch einmal Ihr Idealbild. Wie soll Ihre berufliche Situation in drei Jahren aussehen?« Wahrscheinlich haben Sie einige Schwierigkeiten, dies direkt zu formulieren. Geben Sie Ihrem Coachee deshalb die Möglichkeit, sich emotional auf die Vision einzustellen. Gut geeignet ist eine kleine Fantasiereise, die ihren Coachee auf den Weg in die positive berufliche Zukunft bringt.

- *Emotionale Verankerung der Vision:* Eine Vision besitzt nur Kraft, wenn sie nicht rational, sondern emotional verankert ist. Laden Sie Ihren Coachee ein, ein Bild der Vision zu malen oder auszuwählen. Herr Schroth malt ein Bild seiner beruflichen Situation in drei Jahren. Andere Möglichkeiten sind: eine Rede zum 65. Geburtstag oder die Erarbeitung der Vision anhand eines Symbols.

Unser Tipp: Vielen ist es ungewohnt, mit kreativen (analogen) Verfahren zu arbeiten. Manche Coachees sind skeptisch gegenüber dieser Methode. Begründen Sie Ihren Vorschlag mit kurzen Erläuterungen über die zwei Ebenen unseres Gehirns: die analytische Ebene und die emotionale Ebene. Damit eine Vision später emotionalen Zug hat, ist es gerade hier wichtig, die emotionale Ebene einzubeziehen.

- *Beschreibung des Bildes und Übertragung auf die Vision:* Lassen Sie Ihren Coachee zunächst die ihm wichtigen Merkmale seines Bilds oder Symbols nennen. Daran schließt sich die Frage, was das für die Vision – also für das, was er in drei Jahren machen möchte – bedeutet.
- *Formulierung von Leitsätzen:* Um die Vision konkret zu fassen, ist es hilfreich, sie in einigen wenigen Leitsätzen zu formulieren. Diese Leitsätze bilden die Brücke zwischen der bildlichen, intuitiven Vorstellung und der rationalen Umsetzung. Für die Formulierung von Leitsätzen gibt es folgende Regeln:
  - Die Leitsätze werden in der Gegenwart formuliert.
  - Die Leitsätze werden persönlich mit »ich« formuliert.
  - Es werden keine negativen Begriffe und keine Verneinungen (»Ich bin nicht …«) verwendet.

Wichtig ist, dass sich die Leitsätze in der Endfassung für den Coachee richtig gut anfühlen. Dann sind sie stimmig und besitzen emotionale Kraft.

- *Vergegenwärtigung der Vision:* Eine Vision hat positive, begeisternde Kraft. Dennoch besteht die Gefahr, dass sie im Alltag wieder untergeht. Ihr Coachee muss sich daran erinnern. Eine Möglichkeit dafür sind »Erinnerungshilfen« (Storch 2017). Solche Erinnerungshilfen können zum Beispiel das Bild der Vision an einem prägnanten Ort (zum Beispiel als Bildschirmschoner oder direkt über dem Schreibtisch) oder die Leitsätze eingerahmt an der Wand.

Unser Tipp: Hilfreich ist es, bei Erinnerungshilfen unterschiedliche Sinneskanäle anzusprechen. So kann ich als visuelle Erinnerungshilfe das Bild an einen Platz legen, wo ich es immer wieder sehe. Ich kann mir überlegen, ob es einen Song gibt, den ich mit meiner Vision verbinde. Kann ich diesen bewusst immer wieder hören? Oder möchte ich ihn mir sogar als Klingelton einstellen, um immer wieder an meine Vision erinnert zu werden? Gibt es einen Geruch, den ich als Erinnerungshilfe nutzen kann?

METHODE: SCHRITTE ZUR VISION

Die Erarbeitung der Vision besteht aus mehreren Schritten.

- *Festlegung des Zeitpunkts der Vision:* Wo liegt der Zeitpunkt, für den Ihr Coachee seine Vision erarbeiten möchte?
- *Hinführung zur Vision:* Unterstützen Sie Ihren Coachee dabei, Abstand zur Gegenwart und zu aktuellen Themen zu bekommen, zum Beispiel durch eine kleine Fantasiereise.

- *Entwicklung der Vision auf emotionaler Ebene:* sich ein Bild oder Symbol für die Vision suchen, es beschreiben und die Eigenschaften anschließend auf die Vision übertragen.
- *Formulierung von Leitsätzen*
- *Erinnerungshilfen* anbringen, um die Vision zu vergegenwärtigen

DIE IST-ANALYSE: Herr Schroth weiß jetzt, wohin er möchte, doch was ist seine Ausgangsbasis? Was sind seine Stärken, sein Wissen oder Erfahrungen, die er für seine Vision mitbringt? Was sind seine Schwachstellen oder Kenntnisse, die ihm noch fehlen? Ein realistischer Blick auf die Ist-Analyse ist notwendig, um anschließend die geeigneten Schritte zu formulieren. Dabei gibt es drei Blickrichtungen, die für die Ist-Analyse relevant sind:

- *Stärken-Schwächen-Analyse:* Wo liegen die eigenen Stärken? Was sind Kernkompetenzen? Was sind Schwachstellen? Wo fehlen Kompetenzen, die sich erarbeiten lassen? Das Vorgehen ist sehr strukturiert: Die Stärken und Schwächen und häufig auch die daraus resultierenden zukünftigen Chancen und Risiken werden aufgelistet. Folgende Abbildung kann als Visualisierungshilfe genutzt werden.

STÄRKEN-SCHWÄCHEN-ANALYSE			
THEMENBEREICH	GEGENWÄRTIGE STÄRKEN UND SCHWÄCHEN	ZUKÜNFTIGE CHANCEN UND RISIKEN	IDEEN FÜR EIGENE MASSNAHMEN
Fachkompetenz	*Stärke:* gutes Know-how *Schwäche:* keine aktuelle Weiterbildung	*Chance:* jahrelange Erfahrung *Risiko:* veraltetes Wissen	Mögliche Weiterbildung suchen

Führungs-kompetenz	*Stärke:* gute Mitarbeiterführung, positives Feedback *Schwäche:* keine klare Strategie	*Risiko:* im Tagesgeschäft untergehen	Schwergewicht auf die Strategie legen
Persönliche Kompetenzen	…	…	…

- *Stakeholderanalyse:* Stakeholder, so wurde es bereits formuliert, sind die Personen, die Einfluss auf ein bestimmtes Thema haben. Auf die Strategie bezogen: Wer sind die Personen, die Einfluss auf die Strategie haben? Wie groß ist ihr Einfluss? Welche Ziele verfolgen sie? Gibt es typische Muster im Umgang mit den Stakeholdern? Welche Ideen lassen sich daraus entwickeln? Sie können hier die Tabelle verwenden, die wir im Kapitel über Stakeholder dargestellt haben – dazu ein Beispiel:

STAKEHOLDER	INHALTLICHE UND PERSÖNLICHE ZIELE DES STAKEHOLDERS	TYPISCHES VERHALTEN	IDEEN FÜR DAS EIGENE VORGEHEN
Frau Wagner (Chefin)	Sie möchte den Bereich anders strukturieren. Sie will selbst glänzen.	Sie ist eingeschnappt, wenn ich eigene Lösungen entwickle und umsetze.	Entweder kann ich sie unterstützen, signalisieren, dass ich zu ihr stehe, ihr die »Bühne« lassen – oder mich nach einer anderen Position umschauen.

- *Umfeldanalyse:* Welche Faktoren sind zu beachten? Herr Schroth hat die Vision, sich als Fachexperte selbstständig zu machen. Da spielt sicherlich der Markt eine entscheidende Rolle. Wie ist der Markt in seinem Fachgebiet? Wie wird sich der Markt entwickeln? Gibt es Trends, die absehbar sind? Was ist ein Best-Case-Szenario? Was ein Worst-Case-Szenario?

UMFELDANALYSE		
UMFELDBEREICH	Beratermarkt als Teil des Umfelds	...
MÖGLICHE TRENDS (BEST-CASE- UND WORST-CASE-SZENARIO, WAHRSCHEINLICHKEIT)	Fachexperten werden weiterhin gebraucht. Best-Case-Szenario: Es werden so viele gebraucht, dass alle gut davon leben können. Worst-Case-Szenario: Firmen haben kein Geld mehr dafür. Wahrscheinlich: Der Markt ist hart umkämpft.	
AUSWIRKUNGEN AUF DIE STRATEGIE	Ich muss gut sein. Ich muss bekannt sein. Zu Beginn nicht alleinige Einkommensquelle.	
IDEEN FÜR EIGENE MASSNAHMEN	fachliche Weiterbildung; Netzwerken; Bereich in Teilzeit aufbauen	

METHODE: SCHRITTE DER IST-ANALYSE

Die Ist-Analyse richtet den Blick auf drei Seiten der gegenwärtigen Situation:

- Die Stärken und Schwächen und damit verbunden die zukünftigen Chancen und Risiken werden aufgelistet.
- Die für die Strategie werden die relevanten Stakeholder definiert sowie deren Ziele und mögliche eigene Handlungsoptionen.
- Relevante Rahmenbedingungen sowie mögliche Trends und sich daraus ergebende Hinweise für die Strategie werden gesammelt.

DIE UMSETZUNG DER STRATEGIE: Herr Schroth weiß nun, wohin er will und wie seine Ausgangssituation ausschaut. Doch was sind seine konkreten nächsten Schritte? Diese festzulegen ist der nächste Schritt im Strategiecoaching.

- *Festlegung der strategischen Schwerpunkte:* Meist ist es so, dass aus der Ist-Analyse viele verschiedene Anregungen und Hinweise entstehen. Doch welche sind – im Hinblick auf die Vision – die wirklich wichtigen Ansatzpunkte? Eine Möglichkeit ist es, den Coachee einzuladen, die für ihn wichtigen Ansatzpunkte mit Klebepunkten zu markieren: »Wenn Sie sich jetzt die Ergebnisse Ihrer Ist-Analyse anschauen, was sind für Sie die wichtigen Punkte, die Sie angehen möchten, um Ihre Vision zu erreichen?«
- Nachdem die strategischen Schwerpunkte festgelegt wurden: Welche strategischen *Ziele* ergeben sich daraus? Jetzt heißt es, konkret zu werden: Was genau soll erreicht werden? Bis wann?
- *Festlegung der konkreten Maßnahmen im Hinblick auf die Schwerpunkte und die Ziele:* Was sind konkrete Maßnahmen, die umgesetzt werden müssen? Was sind erste Schritte, die bis wann erfolgt sein müssen? Welche weiteren Schritte folgen?

In diesem letzten Schritt des Strategiecoachings wird es sehr konkret. Diese Konkretisierung ist aber eine wesentliche Voraussetzung dafür, dass wirklich die ersten Schritte hin zur Vision gegangen werden.

METHODE: UMSETZUNG DER STRATEGIE

Vision und Ist-Situation werden bei der Strategieumsetzung verbunden, wobei die Maßnahmen immer weiter heruntergebrochen werden bis hin zum konkreten Weg mit konkreten nächsten Schritten. Diese Konkretisierung geht folgendermaßen:

- Entwicklung der strategischen Schwerpunkte: Was sind mit Blick auf die Vision die Ansatzpunkte? Welche Themen müssen bearbeitet werden?
- Welche strategischen Ziele ergeben sich daraus? Was genau soll bis wann erreicht werden?
- Welche konkreten Maßnahmen ergeben sich daraus?
- Was sind die konkreten nächsten Schritte? Was ist bis wann zu tun?

Unser Tipp: Die hier beschriebene recht rationale Vorgehensweise der Strategieumsetzung können Sie mit dem emotionalen Denken verbinden. Die Strategieumsetzung wird dann als Weg dargestellt und der Coachee geht diesen Weg. Das bedeutet: Sie stellen auf die eine Seite des Raums das Bild oder Symbol der Vision sowie möglicherweise die Leitsätze, auf die andere die Ergebnisse der Ist-Analyse. Nun laden Sie Ihren Coachee ein, die Strecke von der Ist-Situation zur Vision zu durchlaufen. Ihr Coachee bekommt dadurch ein Gefühl, welche Schritte zu gehen sind.

Ihr Coachee kann diese Meilensteine mit Moderationskarten auf dem Boden markieren und erklärt bei jedem Meilenstein, was hier erreicht worden ist und was bis hierhin zu tun ist.

Manchmal fällt diese Vorgehensweise leichter, weil der Coachee den Weg durchlebt. Wichtig ist auch hier, dass Sie mit dem Coachee die konkreten nächsten Schritte als Ergebnis festhalten.

Manchmal besteht die Gefahr, dass Strategien im Alltagsgeschehen untergehen. Folgende Hinweise können dafür eine Unterstützung sein, dass genau dies nicht passiert.

- Besprechen Sie mit Ihrem Coachee sowohl die *Risiken* als auch die *Unterstützungsfaktoren*. Ein schönes Bild sind dafür die Wegelagerer und Tankstellen: »Wenn Sie auf Ihre nächsten Schritte hin zur Vision schauen, was könnten Wegelagerer sein, die Ihnen auf dem Weg begegnen? Welche Gefahren können auftauchen, die die Strategie versanden lassen? Was können Sie als Prävention gegen Wegelagerer tun? Welche Tankstellen stehen am Weg, die Sie unterwegs anzapfen können? Was kann Ihnen Kraft für Ihre Schritte hin zur Vision geben? Wie können Sie das nutzen?«

- Erarbeiten Sie *Wenn-dann-Pläne* mit Ihrem Coachee. Wenn-dann-Pläne erhöhen die Umsetzung der geplanten Aktivitäten deutlich (Storch/Krause 2017). Herr Schroth sieht die Gefahr, dass er im Alltagsgeschäft untergeht und keine Zeit hat, seine strategischen Ziele zu erreichen. Konkret formulierte Wenn-dann-Pläne können ihm helfen, trotz des täglichen Aufgabenwahnsinns an seinen Zielen weiterzuarbeiten: »Wenn ich bemerke, dass meine ganze Zeit wieder mit Alltagsdingen gefüllt ist, dann mache ich ganz bewusst eine Pause. Ich schreibe die offenen Alltagsdinge auf eine Liste und setze mir einen Termin, wann ich sie erledige. Dann setze ich mich an meine strategischen Ziele und arbeite daran weiter.«

Der Strategieprozess – wie hier dargestellt – geht davon aus, dass Menschen unbewusst eine Vorstellung davon haben, was Sie erreichen möchten. Der Vorteil ist, dass ein solches Bild der Vision motiviert und das Handeln leitet. Aber ein möglicher Nachteil kann sein, dass man dadurch zu sehr auf eine Richtung festgelegt ist und besondere Gelegenheiten außer Acht lässt. Eine Alternative dazu ist »Effectuation« (Faschingsbauer 2017), ein Konzept, das Sie auch im Coaching anwenden können. Dann ist der Ausgangspunkt weniger der Blick auf die Zukunft, sondern der Blick auf die Gegenwart: Was ist Ihrem Coachee wirklich wichtig? Was sind im Hinblick darauf seine Kernkompetenzen?

Entscheidend ist, offen zu sein für Gelegenheiten, die sich bieten. »If you have lemons, make lemonade«, lautet der Kernsatz. Das können Sie im Coaching ebenfalls anwenden.

METHODE: EFFECTUATION IM COACHING

Auch hier können Sie mit einem Symbol oder Bild starten und Ihren Coachee bitten: »Suchen Sie sich ein Bild aus, das dafürsteht, was Sie in Ihrem Beruf verwirklichen möchten.«

Dann können Sie fortfahren: »Welche Ihrer Stärken können Sie dafür einsetzen? Und welche Kontakte fallen Ihnen ein, die Sie dafür nutzen können?

Anschließend geht es darum, Ihren Coachee zu unterstützen, Chancen und Gelegenheiten zu ergreifen. Sie bereiten ihn darauf vor, sein Radar für Zufälle, die er nutzen kann, einzuschalten und Gelegenheiten für Zufälle zu schaffen.

Anregung zur Weiterarbeit: Ähnlich wie bei anderen Themen können Sie das Thema für sich selbst anwenden: Versuchen Sie, Ihre Strategie (als Coach oder Ihre berufliche Ausrichtung) zu entwickeln. Gehen Sie dabei die einzelnen Schritte wie beschrieben durch. Was ist Ihre Vision? Was sind Ihre Stärken und Schwächen? Welche strategischen Schwerpunkte ergeben sich daraus?

THEORETISCHER HINTERGRUND

Strategie ist ein Begriff, der ursprünglich aus dem Militärischen stammt und dann Mitte der 1950er-Jahre auf Organisationen übertragen wurde. Dabei wurde die Entwicklung einer Strategie als einseitig rationaler Prozess verstanden. So definierte Alfred D. Chandler 1962 Strategie als: »the determination of the basic long-term-goals and objectives of an enterprise, and the adoption of courses of action and the allocation of resources necessary for carrying out these goals« (Chandler 1962, S. 13). Auch gängige Lehrbücher verstehen Strategie immer noch als überwiegend rationalen Prozess.

Im Zusammenhang mit der Wiederentdeckung des emotionalen Denkens wurde die emotionale Bedeutung der Vision zunehmend betont (zur Bonsen 2012). Handlungsleitend können Vision und Strategie nur sein, wenn sie emotional verankert sind. Gerhard Roth, ein deutscher Biologe und Hirnforscher formuliert: »Wir müssen etwas, das uns aus dem Unbewussten aufsteigend antreibt, als Wunsch oder Bedürfnis empfinden, damit dieser Wunsch beziehungsweise dieses Bedürfnis zusammen mit der bewussten Analyse der Sachlage […] zu einem vernünftigen oder zumindest emotional akzeptablen Handlungsentwurf vereinigt werden kann« (Roth in: Storch/Krause 2011, S. 67). Beides ist also bei der Entwicklung einer Strategie nötig: Das Einbeziehen der emotionalen Ebene und aber eine Verknüpfung dieser Ebene mit der kognitiven Ebene – dann haben Strategien eine gute Chance, umgesetzt zu werden.

LITERATURTIPPS

- Kerth, K./Asum, H./Stich, V. (2015): Die besten Strategietools in der Praxis. Welche Werkzeuge brauche ich wann? Wie wende ich sie an? Wo liegen die Grenzen? 6. Auflage. München: Hanser
- Reisinger, S./Gattringer, R./Strehl, F. (2017): Strategisches Management. Grundlagen für Studium und Praxis. 2. Auflage. Pearson: München
- Werther, D. (2020): Vision – Mission – Werte. Die Basis der Leitbild- und Strategieentwicklung. 2. Auflage. Weinheim, Basel: Beltz

Hilfe, mir wird es zu viel – systemisches Selbstmanagement

BEISPIEL: HERAUSFORDERUNG SCHULLEITUNG

Herr Weiss hat mit großer Begeisterung die Stelle der Schulleitung übernommen. Nach ein paar Monaten stellt er fest: Puh, das ist eine ganz schöne Herausforderung. Herr Weiss muss viele verschiedene Dinge im Kopf haben, immer an mehrere Themen gleichzeitig denken und dabei einen kühlen Kopf bewahren: Er muss die täglichen Büroarbeiten erledigen, das Team im Blick haben, Konflikte entschärfen, die Elternarbeit steuern, Krisen managen und gleichzeitig Veränderungen steuern und voranbringen. Herr Weiss arbeitet zunehmend länger. Nach einiger Zeit merkt er, dass es ihm nicht mehr so gut geht. Er ist unausgeglichener, empfindlicher, seine Energie nimmt ab.

Herrn Weiss wird klar: Ich muss da etwas tun. Er hat zur Begleitung einen Coach, mit dem er in regelmäßigen Abständen seine Themen besprechen kann. In den nächsten Coachingtermin nimmt er das Thema Belastung mit.

DAS SELBSTMANAGEMENT-PROZESSMODELL

Der Umgang mit Belastungen ist immer wieder Thema in Coachinggesprächen. Eine gute Struktur und Ansatzpunkte zur Bearbeitung dieses Themas bietet das Selbstmanagement-Prozessmodell auf der nächsten Seite:

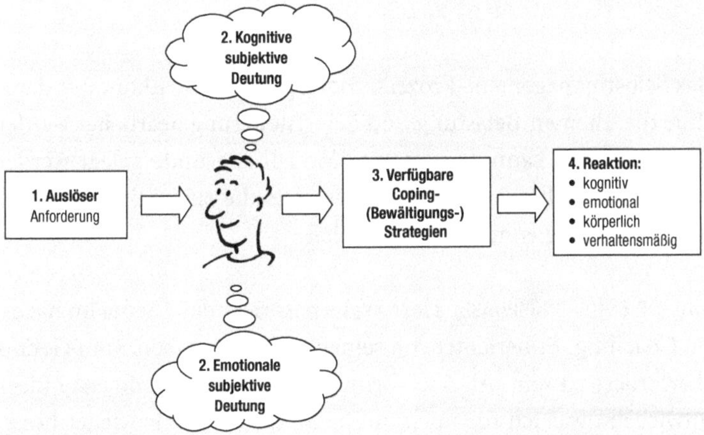

Am Beispiel von Herrn Weiss:

- Auslöser für die Belastung ist für ihn, dass einfach zu viele verschiedene Dinge gleichzeitig auf ihn einstürzen. Es sind einfach zu viele »Baustellen«, als dass er alle gut im Blick haben, geschweige denn alle gut steuern könnte.
- Die subjektive Deutung der Situation bezieht sich zum einen auf seine Gedanken (kognitive subjektive Deutung): Zu Beginn sah Herr Weiss die Situation als Herausforderung, mittlerweile gehen ihm aber immer wieder die Gedanken »Ich schaffe das nicht« und »Mir ist das alles zu viel« durch den Kopf. Auf emotionaler Ebene (seine emotionalen subjektiven Deutungen) fühlt er sich überfordert und ausgelaugt.
- Coping- und Bewältigungsstrategien helfen, mit belastenden Situationen umzugehen. Seine derzeitige Strategie ist, länger zu arbeiten, um die Arbeit zu bewältigen. Aber ob das sinnvoll ist?
- Und schließlich erlebt Herr Weiss bestimmte Reaktionen: Er merkt, dass er sich schlechter konzentrieren kann. Er ist vergesslicher, wird zunehmend empfindlicher und reagiert aggressiver. In letzter Zeit wacht er morgens um vier Uhr auf und kann dann nicht mehr einschlafen.

SELBSTMANAGEMENT IM COACHING

Das Selbstmanagement-Prozessmodell gibt eine Struktur, mit deren Hilfe die Themen Belastung und Selbststeuerung bearbeitet werden können. Dabei kann das gesamte Modell zugrunde gelegt werden oder nur einzelne Aspekte (zum Beispiel die subjektiven Deutungen) – abhängig vom Ziel des Coachees.

GOAL (ORIENTIERUNGSPHASE): Herr Weiss bespricht das Thema im nächsten Coaching. Er berichtet von seinen vielen Aufgaben, vom Gefühl, überfordert zu sein. Als Ziel formuliert er: »Ich möchte erste Ideen entwickeln, was ich für mich tun kann, damit es mir wieder besser geht.« Als Rahmen für die Bearbeitung des Themas führt der Coach ihn kurz in das Selbstmanagement-Prozessmodell ein. Das Coachinggespräch startet also mit einer kurzen Phase Expertenberatung, an die sich der Vorschlag anschließt, das Modell zugrunde zu legen.

REALITY (KLÄRUNGSPHASE): Die Kernfrage lautet: Was führt dazu, dass sich Herr Weiss so belastet fühlt? Der Coach geht mit ihm das Selbstmanagement-Prozessmodell durch: Welche Auslöser gibt es? Welche subjektiven Deutungen? Welche Bewältigungsstrategien? Die Erkenntnisse der Klärungsphase werden an den entsprechenden Stellen des Selbstmanagement-Prozessmodells visualisiert – für Herrn Weiss bringt das viel Klarheit. In der Regel helfen die folgenden Fragen, die Klärungsphase zu strukturieren.

METHODE: STARKE FRAGEN SELBSTMANAGEMENT

Fragen in Richtung Auslöser:

- Was führt dazu, dass Sie das Gefühl haben, es ist alles zu viel?
- Können Sie eine typische Situation schildern?
- Was geschieht, wenn das Gefühl der Überforderung auftritt? Was passiert direkt davor?

- Gibt es Muster, die dieses Gefühl immer wieder hervorrufen?

Fragen in Richtung subjektive Deutungen:

- Was geht Ihnen in der Situation durch den Kopf?
- Was sagen Sie sich in dieser Situation?
- Welche Gefühle erleben Sie in der Situation?

Fragen in Richtung Copingstrategien:

- In der konkreten Situation, was haben Sie dann getan?
- Was tun Sie im Moment, um mit dieser Situation der Überlastung umzugehen?
- Wenn Sie darauf schauen, wie Sie mit diesen Situationen umgehen – ist das ein passender Umgang damit?

Fragen in Richtung Reaktionen:

- Was sind Ihre Reaktionen in solchen Situationen?

Auch hier kann der systemische Blickwinkel hilfreich sein. Auslöser können unterschiedliche Faktoren des sozialen Systems sein: andere Personen und deren Erwartungen, aber möglicherweise geltende Regeln, Regelkreise oder die Umwelt (Anforderungen, die von außen kommen). Manchmal hilft es, die Vorgeschichte zu beleuchten: Wie hat sich die Situation entwickelt?

OPTIONS (LÖSUNGSPHASE): Zu Beginn der Lösungsphase kann der Coach zusammen mit dem Coachee markieren, wo aus Sicht des Coachees Ansatzpunkte zur Veränderung sind. Herr Weiss bekommt vier Klebepunkte in die Hand: »Wenn Sie jetzt das Modell mit den Erkenntnissen der Klärungsphase betrachten, wo sind aus Ihrer Sicht Ansatzpunkte für Veränderungen?« Herr Weiss markiert unter anderem die subjektiven Deutungen und seine Copingstrategie »langer Arbeitstag«.

Wie sonst in der Lösungsphase geht es nun darum, mit Herrn Weiss Ideen für die Ansatzpunkte zur Veränderung zu entwickeln.

Auch hier gilt: Erst möglichst viele und kreative Ideen sammeln (auch Sie als Coach können Ideen einbringen), im zweiten Schritt werden diese bewertet. Ansatzpunkte für die Sammlung von Ideen können sowohl das Selbstmanagement-Prozessmodell als auch das Systemmodell bieten.

METHODE: STARKE FRAGEN FÜR DIE LÖSUNGSPHASE

- Können die Auslöser verändert werden?
- Lassen sich die subjektiven Deutungen verändern? Wie könnte Herr Weiss die Situation anders bewerten? Wie könnte er für andere Emotionen sorgen?
- Was könnten andere (passendere) Copingstrategien sein? Könnte die Beachtung von Hinweisen aus dem Zeitmanagement eine Hilfestellung sein?
- Könnte er durch die Veränderung der Reaktion die gesamte Situation abändern? Könnten zum Beispiel Entspannungsübungen helfen, gar nicht mehr in eine solche angespannte Stimmung zu kommen?

WHAT NEXT (ABSCHLUSSPHASE): In dieser Phase werden die nächsten Schritte konkretisiert. Was genau nimmt sich Herr Weiss vor? Welche Schritte wird er zuerst angehen?

Im Folgenden möchten wir Ihnen noch Ansatzpunkte aus unterschiedlichen Konzepten vorstellen, die Sie als Coach beim Thema Selbstmanagement nutzen können.

VERÄNDERUNG DER KOGNITIVEN SUBJEKTIVEN DEUTUNGEN: Negative Gedanken sind häufig ein zentraler Aspekt von Stress. Die Gedanken von Herrn Weiss drehen sich im Kreis: »Ich schaffe das nicht«, »Das ist mir alles zu viel«. Hier ist die Veränderung der kognitiven subjektiven Deutungen ein wichtiger Ansatzpunkt: Wie kann Herr Weiss die Situation anders deuten? Folgende Fragen können in diese Richtung lenken (in Anlehnung an Kaluza 2015):

- Was ist das Gute an der Situation?
- Wo liegen die Chancen?
- Was können Sie daraus lernen?

Häufig ist es zunächst schwierig für den Coachee, positive Aspekte in einer im Moment sehr negativ bewerteten Situation zu erkennen. Geben Sie ihm dafür Zeit. Manchmal kann ein klitzekleiner positiver Aspekt ein Beginn für Veränderung sein.

VERÄNDERUNG DER PERSÖNLICHEN REGELN: Persönliche Regeln wie zum Beispiel »Du musst alles perfekt machen!«, »Sei beliebt!« oder »Beeil dich!« stehen oft hinter der Thematik der Überforderung. Diese Regeln können, nachdem sie in der Klärungsphase herausgearbeitet wurden, verändert werden (in Anlehnung an Satir 2007):

- Fordern Sie Ihren Coachee auf, seine problematische Regel aufzuschreiben und mehrmals laut vorzulesen. Die Betonung sollte dabei auf unterschiedlichen Wörtern liegen.
- Laden Sie Ihren Coachee ein, die Regel zu verändern: Dabei können einzelne Wörter verändert, Generalisierungen aufgehoben oder Bedingungen und Ergänzungen eingeführt werden.
- Lassen Sie Ihren Coachee diese veränderte Regel aussprechen. – Fühlt es sich gut an? Ist es stimmig?
- Klären Sie mit Ihrem Coachee, was diese neue Regel im Alltag für Konsequenzen hat und wie sie eingeübt und umgesetzt werden kann.

DER BLICK AUF DAS POSITIVE: Eine Person entwickelt sich in die Richtung, in die sie ihre Aufmerksamkeit lenkt, lässt sich in Anlehnung an Appreciative Inquiry formulieren (zur Bonsen/Maleh 2012). Herr Weiss muss sich nur lange genug auf die Probleme fokussieren – und er kann sicher sein, dass sie allein dadurch immer größer werden. Er kann aber auch den Blick auf die positiven Aspekte richten – und das Leben wird insgesamt positiver. Sie können ihn dabei unterstützen. Hier einige Fragen (in Anlehnung an die Positive Psychologie: Seligman 2015):

- Was sind Dinge, die Ihnen guttun?
- Wobei verspüren Sie Sie gute Laune?
- Bei was empfinden Sie Spaß und Freude?
- Was füllt Ihren persönlichen Akku?
- Wie können Sie diese Dinge in nächster Zeit verstärkt und bewusst wieder in Ihren Alltag integrieren?

Was wir auch machen: Wir verordnen unseren Coachees ein Tagebuch, in dem nur schöne Momente des Tages aufgeschrieben werden. Es wirkt! Anregungen dazu gibt es auf der Grundlage der Positiven Psychologie bei »Mein Erfolgstagebuch« (Härtl-Kasulke 2017).

DANKEN MACHT GLÜCKLICH: Die Positive Psychologie gibt nicht nur den Hinweis, das Positive in der Gegenwart wahrzunehmen, sondern auch in Zufriedenheit auf die Vergangenheit zu blicken. Martin Seligman nennt dafür drei Aspekte: Dankbarkeit, Vergebung und Vergangenes neu sehen (Seligman 2009).

- *Danken macht glücklich:* Regen Sie Ihren Coachee an, das wahrzunehmen, wofür er dankbar ist, und diesen Dank auch auszusprechen. Das Ergebnis kennen Sie sicherlich aus dem Alltag: Derjenige, der ein »Dankeschön« erhält, freut sich darüber. Und derjenige, der das Dankeschön ausspricht, freut sich ebenfalls – nutzen Sie also diese positive Energie.
- *Vergebung erleichtert und macht froh:* Regen Sie Ihren Coachee an, zu vergeben – sich selbst und anderen. Können wir uns und anderen verzeihen, entsteht meist Erleichterung, der Blick auf die Vergangenheit wird leichter und positiver.

- *Vergangenes neu sehen:* Laden Sie Ihren Coachee ein, Vergangenes mit einem positiven Blick zu sehen: Was hat er alles geschafft? Was ist ihm gut gelungen? Wo war er erfolgreich? Dieser Blick verschafft Kraft und Stärke für zukünftige Herausforderungen.

DIE PERSÖNLICHE VISION: Vielfach versuchen Menschen, Zeitprobleme durch bessere Planung zu lösen. Da werden To-do-Listen geführt, wird zwischen dringlich, wichtig, nicht dringlich, unwichtig unterschieden – um dann die Feststellung zu machen, dass das alles nichts nützt. Zeitmanagement ist hilfreich, aber es reicht nicht, Zeitprobleme nur »technisch« mithilfe bestimmter Methoden zu lösen. Hier bedarf es der emotionalen Verankerung: Wenn ich emotional »weiß«, was mir wichtig ist, werde ich intuitiv die Zeit entsprechend einteilen – und Zeit dafür finden.

Eine Vision ist für Ihren Coachee an dieser Stelle hilfreich: Was ist in seinem Leben wirklich wichtig? Die Vorgehensweise haben wir beim Strategiecoaching vorgestellt. Hier nochmals einige Ansätze:

- Suchen Sie sich ein Bild oder ein Symbol für das, was Sie in Ihrem Leben erreichen möchten.
- Stellen Sie sich vor, Sie sind 85 Jahre, sitzen im Lehnstuhl und blicken auf Ihr Leben zurück. Was war »wirklich« wichtig?

Damit wird die Unterscheidung zwischen wichtig und unwichtig emotional gespeichert – Sie werden sehen: It works!

Tipps und Tricks aus dem Zeitmanagement: Auf der Basis einer Lebensvision können Tipps und Tricks aus dem Zeitmanagement hilfreich sein. Wir beschränken uns hier auf einige Anregungen:

- sich eine Übersicht über anstehende Aufgaben verschaffen
- die anstehenden Aufgaben priorisieren
- Schwerpunkt (»strategisches Thema«) für den Tag, die Woche festlegen

- sich auf ein Thema fokussieren, nicht gleichzeitig drei auf einmal erledigen wollen
- Zeitrahmen für einzelne Aufgaben festlegen im Hinblick auf die strategische Wichtigkeit
- ähnliche Tätigkeiten zusammenfassen, Routinen aufbauen
- Unterstützungsprozesse straffen (kürzere Meetings)
- Störungen verhindern (zum Beispiel Telefon umschalten)
- eigenen Arbeitsrhythmus erkennen und nutzen
- soziale Unterstützung organisieren, delegieren
- Nein sagen
- mit dem Coachee seinen persönlichen Zeittyp herausfinden (Brandt 2020)

Beachten Sie: Sie als Coach können Anregungen geben, aber Ihr Coachee entscheidet, welche der Ansatzpunkte für ihn stimmig sind und welche er umsetzen möchte.

Anregung zur Weiterarbeit: Sie können die Themen und die Vorgehensweise wieder am besten selbst üben. Gehen Sie das Prozessmodell für sich durch: Was sind Ihre Auslöser für Stress? Welche Gedanken und Empfindungen haben Sie? Was sind Ihre Copingstrategien? Wo haben Sie gute Strategien? Was könnten Sie verändern?

Übrigens: Sie können Ihre Erfahrungen durchaus als Anregungen in der Lösungsphase einbringen. Aber denken Sie daran: Was für Sie passend ist, muss keineswegs für Ihren Coachee passen.

THEORETISCHER HINTERGRUND

Ursprünglich wurde Stress und Überlastung mit dem Reiz-Reaktions-Modell erklärt. Stress, so eine klassische Definition, ist ein »Muster spezifischer und unspezifischer Reaktionen eines Organismus auf Ereignisse« (Zimbardo/Gerrig/Graf 2008). Mittlerweile weiß man, dass diese Definition zu kurz greift. Gerd Kaluza, einer der führenden Stressforscher unserer Zeit, spricht von drei Bestandteilen von Stress: Die Auslöser von Stress in Form besonderer äußerer belastender Anforderungen, Stressreaktionen als körperliche und psychische Antworten auf die Belastungen sowie schließlich persönliche Stressverstärker, also persönliche Motive, Einstellungen und innere Haltungen, die dazu führen, ob wir eine Situation als Stress erleben oder nicht (Kaluza 2015, S. 6).

Die Erkenntnisse der Positiven Psychologie im Anschluss an Martin Seligman haben schließlich in den letzten Jahren die Bedeutung positiver Emotionen – gerade im Umgang mit Stress und Überlastung – verdeutlicht: Wenn es Menschen gelingt, positive Emotionen wahrzunehmen, auf die positiven Seiten der Dinge zu schauen und Glück zu erleben, sind sie widerstandsfähiger bei Belastungen und Krisen: »Glückliche Menschen sind sozial kompetenter, kooperativer [… sie haben] mehr Erfolg im Beruf und bessere Strategien, um mit Rückschlägen umzugehen. Und es zeigt sich auch ein positiver Effekt auf Gesundheit und Lebensdauer: Ihr Immunsystem ist stärker, damit werden sie seltener krank beziehungsweise schneller wieder gesund« (Blickhan 2018, S. 43).

Diese unterschiedlichen Facetten haben wir in dem Selbstmanagement-Prozessmodell zusammengefasst: Stress und Belastung haben viele Ebenen, und damit liegen die Ansatzpunkte für Veränderung auf unterschiedlichen Ebenen.

LITERATURTIPPS

Ein Klassiker zum Thema Stress:

- Kaluza, G. (2018): Gelassen und sicher im Stress. Das Stresskompetenz-Buch: Stress erkennen, verstehen, bewältigen. 7. Auflage. Berlin und Heidelberg: Springer

Zum Thema Positive Psychologie:

- Blickhan, D. (2018): Positive Psychologie. Ein Handbuch für die Praxis. 2. Auflage. Paderborn: Junfermann
- Seligman, M. (2009): Der Glücks-Faktor. Warum Optimisten länger leben. 5. Auflage. Bergisch Gladbach: Ehrenwirth

Zu Copingstrategien:

- Allen, D./Reuter, H. (2017): Wie ich Dinge geregelt kriege. Selbstmanagement für den Alltag. 5. Auflage. München: Piper

Zum Thema Zeitmanagement:

- Blatter, I. (2017): Arbeite klüger – nicht härter! So holen Sie das Beste aus Ihrer Zeit, ohne sich auszubeuten. Methoden und Tools für ein neues Zeitmanagement. Zeit optimal nutzen – Freiräume schaffen. Hannover: humboldt
- Seiwert, L. (2018): Wenn Du es eilig hast, gehe langsam. Wenn du es noch eiliger hast, mache einen Umweg. Der Klassiker des Zeitmanagements mit neuen Tools. Frankfurt am Main: Campus
- Brandt, E. (2020): Zeitmanagement im Takt der Persönlichkeit. Welche Zeitpersönlichkeit sind Sie? Und wie ticken die anderen? Auf der Basis des STRUCTOGRAM®. Mit E-Book und Audio inside. Weinheim, Basel: Beltz

Zum Thema Tagebuch:

- Härtl-Kasulke, C. (2017): Mein Erfolgstagebuch. Weinheim, Basel: Beltz

Coaching von Führungskräften

BEISPIEL: WIE MÖCHTE UND SOLLTE ICH FÜHREN?

Frau Schuster ist Teamleiterin in einer Versicherung. Sie hat ein Team von zehn Personen zu führen und nebenher eine Reihe von Fachaufgaben. Eigentlich liebt sie ihren Job. Doch Führung kommt dabei oft zu kurz. Außerdem ist sie sich über ihre Rolle als Führungskraft unklar: Was ist eigentlich meine Rolle als Führungskraft? Wie möchte ich als Führungskraft erlebt werden? Was kann ich tun, um ein arbeitsfähiges Team zu haben? Wie kann ich meine Mitarbeiter motivieren und stärken? Wie gehe ich mit einer schwierigen Mitarbeiterin um?

Solche Fragen sind immer wieder Thema beim Coaching von Führungskräften. Prinzipiell folgt das Coaching von Führungskräften ebenfalls dem GROW-Prozess und den anderen Methoden, die Sie bereits kennengelernt haben. Darüber hinaus ist zudem Expertenberatung gefragt: Welche aktuelle Führungskonzepte gibt es? Welche Anregungen können Sie auf deren Basis Ihrem Coachee geben? Darauf werden wir in diesem Kapitel den Blick richten.

HAUPTAUFGABEN VON FÜHRUNG

Frau Schuster ist sich unsicher in ihrer Rolle als Führungskraft: Muss sie den Mitarbeitern genau sagen, was diese zu tun haben oder soll sie sich so wenig wie möglich einmischen?

In den letzten Jahrzehnten hat sich das Führungsverständnis immer wieder gewandelt – wobei heute klar ist, dass unterschiedliche Situationen und unterschiedliche Mitarbeiter verschiedene Führungsstile benötigen. Insgesamt gesehen hat eine Führungskraft folgende Aufgaben und Themenbereiche:

- *Aufgabenorientierung: die* Führungskraft als Manager. Eine Hauptaufgabe von Führungskräften ist sicherlich, die anstehenden Aufgaben im Blick zu haben, Entscheidungen zu treffen und Prioritäten zu setzen.
- *Mitarbeiterorientierung: die Führungskraft als Coach.* Eine Mitarbeiterin kommt zu Frau Schuster und sagt: »Ich habe ein Problem …« Traditionell hat dann Frau Schuster dieses Problem selbst gelöst – das geht schneller, als wenn sie ihrer Mitarbeiterin alles erklärt. Doch im Grunde ist das nicht ihre Aufgabe. Hier ist sie stattdessen als Coach gefordert. Das bedeutet: die Verantwortung bei der Mitarbeiterin lassen, aber sie zugleich dabei unterstützen (coachen), das Problem zu lösen. Personalentwicklung ist eine Führungsaufgabe. Und Sie als Coach einer Führungskraft können ihn oder sie dann dabei unterstützen, diese Aufgabe auszufüllen.
- *Strategische Führung: die* Führungskraft als Leader. Viele Führungskräfte versinken in Alltagsaufgaben. Dabei ist es als Führungskraft wichtig, den Blick nach vorn zu richten: Wohin soll die Reise gehen? Was ist unsere Vision? Was sind wichtige Themen? Welche sind unwichtig? Welche Voraussetzungen müssen für die Strategieumsetzung geschaffen werden?
- *Führung als Selbstführung:* Vielleicht haben Sie ebenfalls schon die Erfahrung gemacht, dass es sich auf Ihre Mitarbeiter auswirkt, wenn Sie gestresst sind. Führung fängt bei sich selbst an: sich selbst führen. Wie geht die Führungskraft mit sich selbst um? Was sind ihre Werte als Führungskraft? Was tut sie für sich, um mit Stress und Belastungen umzugehen?

Je nach Führungsposition werden diese Aufgaben unterschiedliche Schwerpunkte haben. Eine Teamleiterin wird stärker im Operativen gefordert sein – obwohl es auch hier sinnvoll ist, zum Beispiel die

Vision für das eigene Team zu entwickeln. Und je nach der Organisation werden die Aufgaben unterschiedlich gewichtet sein: In einer klassisch strukturierten Organisation wird eine Führungskraft mehr Manager sein als in einer agilen Organisation, wo die Schwerpunkte auf der Ausrichtung einer gemeinsamen Vision, dem Ermöglichen von Freiräumen und dem Coachen von Mitarbeitern liegen.

SYSTEMISCHE FÜHRUNG

Führung geschieht immer im Kontext sozialer Systeme. Daher ist wieder der systemische Blickwinkel gefragt: Da ist das eigene Team zu einem erfolgreichen sozialen System zu entwickeln. Da sind zudem andere Systeme, zum Beispiel das Stakeholdersystem (übergeordnete Führungskräfte, möglicherweise die IT, Kunden, Lieferanten …) zu berücksichtigen. Hier können Sie alles nutzen, was wir über soziale Systeme geschrieben haben, und die entsprechenden Vorgehensweisen anwenden. Hier nochmals als Übersicht.

CHECKLISTE SYSTEMISCHE FÜHRUNG

STARKE FRAGEN	METHODEN
Personen • Wer sind die für den Erfolg als Führungskraft (oder den Erfolg des Teams) relevanten Stakeholder? • Wie ist die Position zu diesen Stakeholdern?	• Stakeholderanalyse • Systemvisualisierung
Subjektive Deutungen • Welches Bild hat die Führungskraft von sich selbst? • Welches Bild haben andere Personen?	• Rollenklärung der Führungskraft (zum Beispiel mithilfe analoger Verfahren) • Entwicklung einer Vision

	• Klärung der Erwartungen anderer Personen • Perspektivwechsel • Rollenklärung: Umgehen mit unterschiedlichen Erwartungen
Soziale Regeln • Welche Regeln gelten in der Organisation? Wie kann ich als Führungskraft damit umgehen? • Welche Regeln gelten bei uns im Team? Inwieweit sind sie sinnvoll?	• Klärung und Beurteilung von Regeln • Regeln verändern • mikropolitische Taktiken
Regelkreise • Welche (hinderlichen) Regelkreise bestehen?	• Unterbrechung hinderlicher Regelkreise
Systemumfeld und Systemgrenzen • Wie ist das technische Umfeld? • Welche Rahmenbedingungen beeinflussen das System? • Wie ist die Systemgrenze zu anderen sozialen Systemen? Inwieweit ist sie durchlässig, geschlossen oder diffus?	• Technik verändern, anders einrichten • Systemgrenzen verändern
Entwicklung • Was ist die Vorgeschichte (der Organisation, des Teams)? Inwieweit beeinflusst sie die gegenwärtige Situation?	• Die Vorgeschichte bewusst machen • In welche Richtung sollte die Entwicklung vorangetrieben werden? Bewahren, verändern, stabilisieren?

Sie können also mit Ihrem Coachee hier eine Systemdiagnose durchführen und ihn unterstützen, selbst erforderliche Veränderungen voranzutreiben – oder möglicherweise, wenn es in Ihrem Aufgabenbereich liegt, selbst einen Workshop machen. Entsprechend können Sie, wenn Sie selbst Führungskraft sind, eine Systemdiagnose für sich durchführen.

POSITIVE LEADERSHIP

Positive Leadership ist ein Konzept, das gerade in den letzten Jahren zunehmend Beachtung erfahren hat. Grundprinzip ist, bei Führung weniger die Aufmerksamkeit auf die Probleme, sondern auf das Positive, auf die Stärken und auf das, was gut läuft, zu richten. Dabei stehen drei Aspekte im Vordergrund (Seliger 2014):

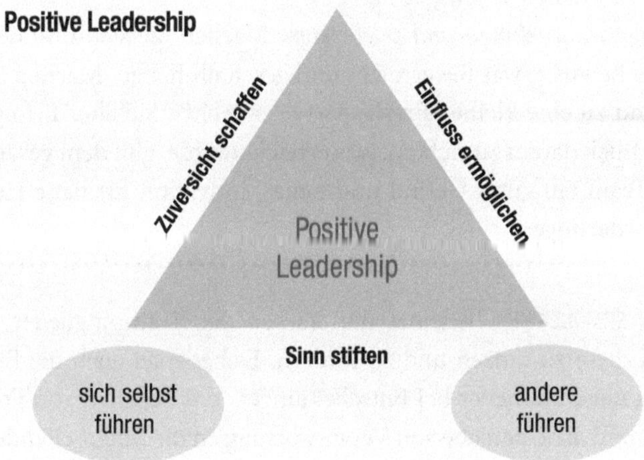

ZUVERSICHT SCHAFFEN bedeutet: klare Kommunikation pflegen, Wertschätzung vermitteln, Erfolge wahrnehmen und feiern und die Gemeinschaft fördern.

METHODE: ZUVERSICHT SCHAFFEN: MASSNAHMEN

Laden Sie Ihren Coachee ein, sich zu überlegen, welche Maßnahmen das Thema Zuversicht im Team stärken könnten. Einige Beispiele sind hier genannt, sicherlich fallen Ihrem Coachee und Ihnen noch weitere ein:

- *Vermitteln Sie Wertschätzung:* Sehen Sie, was Ihre Mitarbeiter alles stemmen und geben Sie dazu positives Feedback. Bedanken Sie sich gegenseitig für Unterstützung – danken fördert eine positive Stimmung und schafft die Grundlage für die weitere gemeinsame Arbeit.
- *Gemeinschaft fördern:* Gemeinsame Aktivitäten wie beispielsweise ein regelmäßiges Teamfrühstück oder ein Sommerevent stärken das Gemeinschaftsgefühl.
- *Erfolge wahrnehmen und zelebrieren:* Machen Sie sich und dem Team bewusst, was Sie erreicht und geschafft haben. Machen Sie ab und zu eine kleine »Erfolgsparty«, sprechen Sie über Erfolge. Den Blick darauf zu richten, was erreicht wurde, gibt dem gesamten Team ein gutes Gefühl und neue Motivation für neue Herausforderungen.

EINFLUSS ERMÖGLICHEN bedeutet die Stärken der Teammitglieder zu kennen, diese zu nutzen und zu fördern. Es bedeutet auch die Einbindung der Mitarbeiter bei Entscheidungen, das Schaffen von Freiräumen und die Übergabe von Verantwortung an die Mitarbeitenden.

METHODE: EINFLUSS ERMÖGLICHEN: FRAGEN AN DEN COACHEE

Positive Mitarbeiterführung beginnt mit dem positiven Bild der Mitarbeiter. Laden Sie Ihren Coachee ein, sich selbst Fragen zu stellen (in Anlehnung an Ebner 2019; Seliger 2014):

- Wenn ich an meine Mitarbeiter denke: Welche Erfahrungen und Eindrücke erfüllen mich mit besonderer Freude?
- Worin sind die Mitarbeiterinnen und Mitarbeiter richtig gut?
- Wann habe ich die Mitarbeitenden in einer konkreten Situation erlebt, in der sie besonders engagiert, produktiv und energievoll waren? Welche Faktoren haben zu dieser Situation geführt?

- Was motiviert die Mitarbeiter am meisten?
- Was kann mein Beitrag sein, damit sie ihre Aufgaben mit Energie, Freude, Zuversicht, Sinn und Einflussmöglichkeiten ausführen können?

SINN STIFTEN bedeutet schließlich, Klarheit über die Ziele und Vision zu schaffen, Klarheit über die Aufgaben zu vermitteln und zu verdeutlichen, werden Beitrag jeder Einzelne zum großen Ganzen leistet.

METHODE: SINN STIFTEN: FRAGEN AN DEN COACHEE

Diese Sinnfragen an die Mitarbeitenden können Sie Ihrem Coachee mitgeben (in Anlehnung an Eber 2019; Seliger 2014):

- Was fasziniert Sie an dieser Aufgabe?
- Was bedeutet diese Aufgabe für Sie persönlich?
- Welchen Nutzen stiften Sie für andere?
- Welchen Beitrag leistet diese Aufgabe für Ihre berufliche oder persönliche Entwicklung?
- Bringt diese Aufgabe Ihnen Energie?
- Was ist das große Bild dieser Arbeit?
- Was ist Ihr Anteil am Gesamtergebnis?
- Welchen Nutzen/Sinn hat diese Aufgabe für das »große Ganze« aus Ihrer Sicht?

POSITIVE LEADERSHIP ALS SELBSTFÜHRUNG: Wir hatten bereits erwähnt, dass ein wichtiger, wenn nicht der wichtigste Aspekt von Führung die Selbstführung ist. Auf unser Beispiel bezogen: Frau Schuster wird sich schwertun, Zuversicht und Wertschätzung an ihr Team zu vermitteln, wenn sie diese nicht für sich selbst hat. Beim Thema Führung geht der Blick also nicht nur auf die Mitarbeitenden und das Team, sondern auch auf die Führungskraft selbst.

- Zuversicht schaffen bedeutet ebenso, auf sich selbst zu achten: Was sind Dinge, die mir als Führungskraft guttun? Wie achte ich auf mich? Was sind meine Ressourcen, die mir Energie geben? Nutze ich diese?
- Einfluss haben heißt, den Blick auf die eigenen Gestaltungsmöglichkeiten zu lenken: Wie viele Freiräume habe ich? Wo kann ich als Führungskraft gestalten?
- Sinn stiften heißt, sich selbst und die eigenen Aufgaben zu hinterfragen: Sind die Themen, die ich bearbeite, wichtig für mich? Tue ich das, was ich tun möchte? Sehe ich selbst Sinn in meiner Aufgabe, meiner Arbeit?

METHODE: SELBSTFÜHRUNG: HILFREICHE METHODEN

Zwei schöne und hilfreiche Methoden für die Selbstführung möchten wir Ihnen an dieser Stelle vorstellen. Erklären Sie Ihrem Coachee diese Übungen und geben Sie sie ihm zum Beispiel als Hausaufgabe mit:

- *Mini-Urlaube:* Ihr Coachee soll eine Liste mehrerer positiver Aktivitäten erstellen. Dabei können dies ganz unterschiedliche Aktivitäten sein (längere und kürzere, Aktivitäten allein oder in Gesellschaft). – Wichtig ist, dass es sich um Aktivitäten handelt, die für den Coachee wirklich positiv sind und ihm Kraft geben. Bitten Sie ihn, diese Aktivitäten im Kalender einzuplanen. Er soll sie ganz konkret terminieren und dann durchführen. Im nächsten Coachinggespräch können Sie Rückschau halten: Was hat gut geklappt? Wie waren die Mini-Urlaube? Welche Urlaube sollen für die nächste Zeit geplant werden? (In Anlehnung an Blickhan 2018)
- *Meine Zeit für mich:* Mit dieser Übung laden Sie Ihren Coachee ein, einen positiven Tagesrückblick zu halten (jeden Abend zwei Wochen lang, mindesten zehn Minuten):

- Was hat mir heute Freude bereitet?
- Wo habe ich mich lebendig gefühlt?
- Wofür und wem kann ich heute dankbar sein?
- Welche Stärken konnte ich heute ausleben?

Vielen Menschen fällt diese Aufgabe zunächst schwer, doch wenn sie durchgeführt wird, ist die Erfahrung damit sehr positiv, da der Fokus auf die positiven Erlebnisse des Tages gerichtet wird (in Anlehnung an Ebner 2019; Härtl-Kasulke 2017).

Im Coachinggespräch zum Thema Führung bleiben Sie wieder in der GROW-Struktur: Thema und Ziel sind zu klären, und auch die Reality-Phase bleibt im gewohnten Rahmen. Anders als in manchen anderen Coachinggesprächen ist, dass Sie als Experte durchaus verschiedene Konzepte zugrunde legen können. Und Sie können die aufgeführten Übungen Ihrem Coachee als Anregungen mitgeben.

THEORETISCHER HINTERGRUND

Im Mittelpunkt der Führungsdiskussion in den 1950er-Jahren stand die Unterscheidung zwischen verschiedenen Führungsstilen wie Aufgaben- und Mitarbeiterführung. Ende der 1970er-Jahre entwickelten Hersey und Blanchard die Theorie des situativen Führens, demzufolge Führungskräfte einen zum Reifegrad des Mitarbeiters passenden Führungsstil anwenden sollten. Ende des 20. Jahrhunderts wurde die Unterscheidung zwischen transaktionaler und transformationaler Führung (J. M. Burns) oder Manager und Leader eingeführt. Transformationale Führung oder Leadership zielen darauf ab, die intrinsische Motivation der Mitarbeiter durch Vision, gemeinsame Strategien, Vorbild und persönliche Entwicklung zu fördern.

Seit Beginn des 21. Jahrhunderts hat Positive Leadership als neuere Entwicklung Einzug in die Diskussion über Führungsverhalten gefunden. Positive Leadership ist ein Modell zur Mitarbeiterführung, das auf den Grundsätzen der von Martin Seligman angestoßenen Positiven Psychologie beruht. Martin Seligman formuliert: »Ich erlebe Wachstum und Veränderung, wenn die Personen erkennen, wie stark sie sind« (Seligman 2009, S. 49). Positive Leadership bedeutet dann konkret: »Positive Leadership ist eine Führungskompetenz, ein Arbeitsumfeld zu schaffen, in dem Mitarbeiterinnen und Mitarbeiter Lust haben, ihre Stärken auszuleben und weiterzuentwickeln. Der Schlüssel, um die vorhandene Energie einzusetzen und zu stärken, ist, dass Ressourcen, die in Personen, in Teams oder in der Organisation bereits vorhanden sind, genützt und weiterentwickelt werden« (Ebner 2019, S. 16).

Aktuelle Forschungsergebnisse zeigen, dass dieser Ansatz durchaus Früchte trägt: Unternehmen, die Positive Leadership konsequent umsetzen, erreichen eine Ergebnissteigerung um zwölf Prozent und haben niedrigere Krankenstände, ihre Mitarbeiter haben signifikant mehr Freude an der Arbeit und sie können besser entspannen und abschalten (Ebner 2019).

LITERATURTIPPS

Als allgemeine Einführungen sind geeignet:

- Laufer, H. (2018): Grundlagen erfolgreicher Mitarbeiterführung. 18. Auflage. Offenbach: Gabal
- Mahlmann, R. (2019): Führungsstile und -methoden gezielt einsetzen. 2. Auflage. Weinheim, Basel: Beltz

Zu systemischer Führung beziehungsweise allgemein zur Anwendung systemischen Denkens als Führungskraft oder Fachexperte:

- König, E./Volmer, G. (2020): Einführung in das systemische Denken und Handeln. 2. Auflage. Weinheim, Basel: Beltz
- Pinnow, D. (2012): Führen. 6. Auflage. Berlin, Wiesbaden: Springer

Zu Positive Leadership sind hilfreiche Einführungen:

- Ebner, M. (2019): Positive Leadership. Erfolgreich führen mit PERMA-Lead: die fünf Schlüssel zur High Performance. Wien: facultas
- Seliger, R. (2014): Positive Leadership. Die Revolution in der Führung. Stuttgart: Schäffer-Poeschel

Unterschiedliche Sichtweisen – Konflikte

BEISPIEL: KONFLIKTE MIT DER VORGESETZTEN

Herr Pfister, Gruppenleiter im Unternehmen Steck, hat Probleme mit seiner Vorgesetzten, Frau Marquardt. Er beklagt sich im Coaching: »Sie redet mir dauernd rein, will alle Details wissen, alles muss nach ihren Vorstellungen laufen, nichts kann ich allein entscheiden. Ich treffe eine Entscheidung – und schon bekomme ich einen übergebraten.« Er spricht das Thema im Coaching an: »Wie bekomme ich hier mehr Freiraum?«

Für Herrn Pfister ist die Situation ganz klar. Frau Marquardt muss sich ändern. Sie ist die Schuldige – er reagiert nur, er ist das Opfer. Doch stellen Sie sich vor, wir fragen Frau Marquardt. Von Ihr würden wir eine ganz andere Geschichte hören: Natürlich möchte sie ihren Mitarbeitern Freiraum geben. Bei vielen klappt das ganz gut, aber absolut nicht bei Herrn Pfister. Er ist unzuverlässig und erledigt seine Aufgaben nicht. Oder er gerät in blinden Aktionismus und macht irgendetwas, was sie dann ausbaden und korrigieren muss. Für Frau Marquardt ist die Situation ebenfalls eindeutig: Herr Pfister ist der Schuldige, er muss sich ändern!

Dieses Beispiel verdeutlicht nochmals gut den Unterschied zwischen dem alltäglichen kausalen und dem systemischen Denken: Im Alltag denken wir kausal, jeder der Beteiligten meint zu wissen, wo die Ursache des Problems liegt, nämlich beim anderen. Systemisch heißt demgegenüber: Es gibt nicht den alleinigen Schuldigen, sondern jeder hat etwas dazu beigetragen, dass es so geworden ist: Frau

Marquardt, indem sie wenig Freiraum gibt, Herr Pfister mit seinem Aktionismus. Jeder hat auch immer wieder versucht, das Problem zu lösen: Frau Marquardt, indem Sie Herrn Pfister kontrolliert, Herr Pfister, indem er versucht, sich Freiraum zu erkämpfen und selbst Entscheidungen zu treffen. Doch diese Lösungsversuche haben offenbar nichts gebracht (sonst würde Herr Pfister das Thema im Coaching nicht ansprechen).

KONFLIKTE ALS SYSTEMEIGENSCHAFT

Für Sie als Coach heißt das, sich beim Thema Konflikt zunächst selbst den Grundsatz systemischen Denkens bewusst zu machen: Es gibt nicht *den* Schuldigen, sondern Konflikte sind – wie wir formulieren – eine »Systemeigenschaft«. Konflikte resultieren aus den unterschiedlichen Faktoren eines sozialen Systems. Sie können sich dazu folgende Fragen stellen.

METHODE: SYSTEMFAKTOREN IN KONFLIKTEN

- **Wer sind die relevanten Personen für diesen Konflikt?** Relevant sind zweifelsohne Herr Pfister und Frau Marquardt. Doch möglicherweise sind noch andere Personen beteiligt, zum Beispiel Herr Holler, der Vorgänger von Frau Marquardt, der zu Herrn Pfister ein sehr gutes Verhältnis und ihn immer unterstützt hat. Möglicherweise spielt Herr Holler sogar eine entscheidende Rolle, indem er im Hintergrund »die Fäden zieht«. Möglicherweise könnte es hilfreich sein, ihn in den Coachingprozess einzubinden.
- **Was ist der Regelkreis des Konflikts?** Regelkreise sind das zentrale Merkmal von Konflikten. In unserem Beispiel: Herr Pfister trifft eine Entscheidung, wird dafür kritisiert, wehrt sich, trifft wieder eine Entscheidung und wird wiederum kritisiert. Kon-

fliktlösung bedeutet dann auf jeden Fall, diesen Regelkreis zu unterbrechen.

- **Welche subjektiven Deutungen der beteiligten Personen gibt es?** Zwei entscheidende Faktoren haben wir bereits genannt: Jeder sieht im anderen den Schuldigen und sich als »Opfer«, das nur reagiert. Jeder sieht den anderen nur negativ – und blendet dabei aus, dass der andere auch Stärken hat. Möglicherweise ist die Veränderung dieser subjektiven Deutungen Voraussetzung, um den Konflikt überhaupt lösen zu können. Wichtig ist, deutlich zu machen, dass jeder etwas zum Konflikt beigetragen und damit Möglichkeiten hat, die Veränderung voranzubringen.
- **Welche Regeln beeinflussen den Konflikt?** Möglicherweise gibt es in der Organisation die Regel »Wir arbeiten vertrauensvoll zusammen« – was jedoch dazu führt, dass Konflikte nur verdeckt angedeutet werden. Dann gilt es, die dahinterstehenden Regeln bewusst zu machen und abzuändern.
- **Inwieweit beeinflussen Systemgrenzen und Umwelt den Konflikt?** Hier spielen vermutlich die Systemgrenzen zwischen dem Team und der Vorgesetzten eine Rolle, hinsichtlich derer unterschiedliche Vorstellungen bestehen: Herr Pfister möchte sich mehr von seiner Vorgesetzten abgrenzen – aus Sicht der Vorgesetzten aber ist die Abgrenzung zu stark: »Er macht sein eigenes Ding, und das geht nicht.«
  Die materielle Umwelt kann ebenso eine Rolle spielen. Ein Beispiel aus einem anderen Coachingprozess: Zwischen zwei Kollegen bestehen Konflikte, die dadurch noch verstärkt werden, dass beide ihre Schreibtische direkt gegenüber haben. Die Schreibtische auseinanderzurücken, machte die beiden zwar nicht zu Freunden, entschärfte den Konflikt aber deutlich.
- **Inwieweit spielt die Vorgeschichte eine Rolle?** Die Antwort auf die Frage deutet sich im Beispiel an: Die Vorgeschichte zwischen Herrn Pfister und dem Vorgänger von Frau Marquardt spielt eine

Rolle. Möglicherweise ist es hilfreich, diese Vorgeschichte transparent zu machen. Möglicherweise gilt es zu überlegen, ob der Konflikt jetzt »auf die Hörner genommen werden soll«, oder ob es besser ist, erst einmal abzuwarten.

Systemische Konfliktlösung ist im Prinzip: »etwas anderes tun«. Dabei kann »das andere« auf ganz unterschiedlichen Ebenen liegen. Es können sich Personen verändern (Herr Pfister kann sich zum Beispiel in einen anderen Bereich versetzen lassen). Nähe und Distanz zu anderen Personen können verändert werden: Vielleicht hilft es, wenn Herr Pfister engeren Kontakt zu seiner Vorgesetzten aufnimmt. Es kann das Verhalten geändert werden: Anstelle selbst aktiv zu werden, könnte Herr Pfister zunächst genauer die Erwartungen seiner Vorgesetzten abklären. Er kann seine Deutung der Situation verändern, indem er sich zum Beispiel in die Situation seiner Vorgesetzten versetzt oder sich ihre positiven Seiten bewusst macht. Es können Systemgrenzen, die materielle Umwelt verändert oder die Vorgeschichte bewusst gemacht werden.

Für Sie als Coach heißt das, den Blick auf das soziale System zu richten und zu klären, welche der Faktoren eine Rolle spielen und wo Ansatzpunkte für Veränderung sind. Sicherlich werden Sie nur einige Ansatzpunkte herausgreifen. Manchmal genügt es, den Regelkreis zu bearbeiten. Oder es kann hilfreich sein, das Schwergewicht auf die Veränderung subjektiver Deutungen zu richten.

Bleiben wir nochmals bei unserem Beispiel: Um den Konflikt zwischen Herrn Pfister und Frau Marquardt zu bearbeiten, haben Sie grundsätzlich zwei Möglichkeiten.

- Sie können das Thema Konflikt im Rahmen des Einzelcoachings – im Beispiel mit Herrn Pfister – bearbeiten. Systemisch heißt ja, dass jeder der Beteiligten etwas zum Konflikt beigetragen hat und damit Möglichkeiten hat, etwas zu verändern. Was kann Herr Pfister verändern?

- Oder Sie können versuchen, beide Konfliktparteien zu einem Coachinggespräch einzuladen. Das wäre dann eine Form systemischer Konfliktmediation.

KONFLIKTE ALS THEMA IM EINZELCOACHING

Wir beschränken uns dabei auf einige Hinweise zu den einzelnen Phasen des GROW-Modells:

GOAL (ORIENTIERUNGSPHASE): »Konflikt« ist ein Standardthema in Coachinggesprächen, das von Coachees meist selbst eingebracht wird. Sie berichten von einem Konflikt mit Vorgesetzten, Mitarbeitern, Kollegen, möglicherweise auch Kunden oder Lieferanten, als Lehrer von Konflikten mit Schülern oder Eltern. Konflikte können offen oder verdeckt sein. Das Ziel des Coachings ergibt sich dann häufig von selbst: Es geht darum, eine Lösung des Konflikts zu finden.

Für Sie als systemischer Coach ist wichtig, bereits hier die Aufmerksamkeit auf das Systemmodell zu richten: Es gibt nicht den Schuldigen. Hüten Sie sich davor, die Perspektive Ihres Coachees zu übernehmen, dass der oder die andere schuld sei. Konflikte resultieren aus dem sozialen System. Die Lösung kann nicht sein, zu erwarten, dass andere sich ändern, sondern nur Ihr Coachee kann sein Verhalten ändern. Möglicherweise ist es hilfreich, das bereits zu Beginn des Gesprächs transparent zu machen: »Der einzige, der an der Situation etwas verändern kann, sind Sie!«

REALITY (KLÄRUNGSPHASE): Hier können Sie alle Fragen stellen, die wir im letzten Abschnitt aufgelistet haben. Dabei ist ein guter Einstieg, mit dem Regelkreis zu beginnen. Lassen Sie Ihren Coachee eine konkrete Situation schildern (wie zum Beispiel die letzte Auseinandersetzung). Dazu ergeben sich folgende Fragen:

- Womit begann die Situation? War es Frau Marquardt, die einen Auftrag an Herrn Pfister gab – oder wurde Herr Pfister von sich aus aktiv?
- Was war dann der nächste Schritt?

Unser Tipp: Je konkreter Sie die Situation darstellen, desto leichter fällt es anschließend, Lösungen zu entwickeln!

OPTIONS (LÖSUNGSPHASE): Konfliktlösung aus systemischer Sicht bedeutet, etwas anderes zu tun. Daher ist in der Lösungsphase zunächst Brainstorming angesagt: neue Handlungsmöglichkeiten entwickeln.

Häufig sind Coachees so in ihrem Konflikt gefangen, dass es ihnen schwerfällt, selbst Lösungen zu finden. Hier sind Sie als Experte gefragt: Bringen Sie Ideen ein. Dabei kommt es weniger auf Qualität als auf Quantität an. Sie können auch hier die aus verschiedenen Kommunikationskonzepten geläufigen Vorgehensweisen als Ideen einbringen wie zum Beispiel:

- Ich-Botschaften anstelle von Du-Botschaften: die eigenen Empfindungen transparent machen, anstatt den Gegenüber zu kritisieren.
- Zwischen Inhalt und Beziehung unterscheiden: Ablehnung in der Sache mit Wertschätzung der Person verbinden.
- Aus der Wolfssprache in die Giraffensprache wechseln: Das ist das Konzept der gewaltfreien Kommunikation nach Marshall B. Rosenberg.

Absurde Lösungen können den Blick öffnen. Oft verändert sich dann bereits etwas: Dem Coachee wird deutlich, dass die Situation keineswegs so hoffnungslos ist, wie er bislang annahm, sondern dass sich durchaus Möglichkeiten bieten.

Unser Tipp: Denken Sie an die Brainstormingregeln: erst Lösungen sammeln, ohne sie zu bewerten. Das fällt Coachees gerade beim Thema Konflikt häufig schwer. Unterbrechen Sie, wenn Ihr Coachee anfängt zu bewerten oder zu erzählen, dass er das schon versucht habe. Machen Sie transparent, dass es zunächst darum geht, Ideen zu sammeln und dass das Bewerten später kommt.

WHAT NEXT (ABSCHLUSSPHASE): Nur Ihr Coachee kann entscheiden, welche Lösung für ihn passt. Er muss bewerten (möglicherweise mit grünen Punkten markieren), welche Ideen einen Ansatz bieten können. Das Ergebnis ist der Handlungsplan für die nächsten Schritte.

Eines ist uns in diesem Zusammenhang noch wichtig: Nicht für jeden Konflikt gibt es eine wirklich positive Lösung. Es mag sein, dass Frau Marquardt eben ein »Kontrollfreak« ist und dass Herr Pfister keine Chance hat, mehr Freiraum zu erlangen. Das kann das Ergebnis sein. Aber auch dieses Ergebnis verändert die Situation: »Wenn Sie wissen, dass es hier keine positive Lösung gibt, was machen Sie damit?« Möglicherweise wird Herr Pfister in Zukunft keine fruchtlosen Kämpfe um mehr Freiraum führen. Möglichweise trägt das dazu bei, gelassener mit der Situation umzugehen. Vielleicht wird sich Herr Pfister um eine andere Position bemühen. Coaching kann keine heile Welt schaffen, aber es kann die Optionen ausloten, die es in einer Situation gibt.

SYSTEMISCHE KONFLIKTMEDIATION

Die zweite Möglichkeit des Konfliktcoachings ist eine systemische Konfliktmediation: Der Coach, Herr Pfister und Frau Marquardt treffen sich zu einem Dreiergespräch, um gemeinsam nach einer Lösung zu suchen. Das entspricht dem Vorgehen in der Mediation, wie wir sie aus dem beruflichen Kontext, aber zum Beispiel auch als Streitschlichterprogramme in Schulen kennen (Jefferys-Duden, 2018).

In der systemischem Konfliktmediation wird der Blick konsequent auf das soziale System gerichtet. Das Besondere dabei ist, dass Sie jetzt nicht nur das Zweiersystem Coach–Coachee haben, sondern dass ein neues System, ein Dreiersystem, Coach und die beiden Konfliktgegner, entstanden ist.

Ihre Aufgabe als Coach ist es, dieses Dreiersystem zu steuern. Doch das ist herausfordernd. Denn es ist vergleichsweise selten, dass beide Gesprächspartner gleichermaßen Interesse an einer guten Lösung haben. In der Regel ist es einer von den beiden (zum Beispiel Herr Pfister), der die Initiative ergreift, der andere lässt sich darauf mehr oder weniger notgedrungen ein. Wenn Herr Pfister Frau Marquardt dazu bringt, sich auf ein Dreiergespräch einzulassen, dann erwartet er möglicherweise Unterstützung gegenüber seiner Vorgesetzten – aber keinen Coach, der ihm sagt, dass er sich ebenfalls zu ändern hat. Und Frau Marquardt wird möglicherweise skeptisch gegenüber dem Coaching sein, sie fühlt sich in die Ecke gedrängt und reagiert mit Abwehr: »Eigentlich habe ich kein Problem, aber Herr Pfister soll gefälligst sein Vorgehen mit mir abstimmen und keine Einzelaktionen starten.«

Damit wird das Risiko einer solchen Konfliktmediation deutlich: dass sich unter der Hand ein Subsystem zwischen Ihnen als Coach und einem der Coachees entwickelt und der andere das Gefühl hat, außen vor zu sein, und mit Abwehr reagiert. Sie kennen das sicherlich: Wenn zwei Personen auf Sie einreden und Sie zu überzeugen versuchen, ist das selten erfolgversprechend. Entsprechendes gilt für das Coaching in der Dreiersituation: Wenn sich einer der Beteiligten ausgeschlossen fühlt, dann hat sich ein Subsystem zwischen Ihnen als Coach und einem der übrigen Beteiligten gebildet – und sie haben kaum eine Chance, den Coachingprozess gut zu steuern.

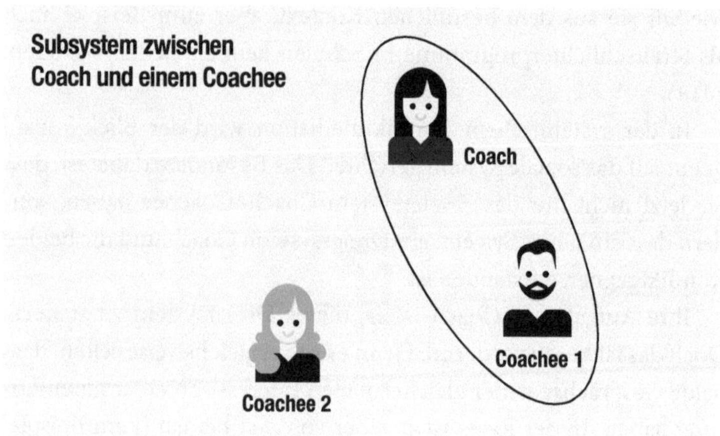

Dabei kann ein solches Subsystem zwischen Coach und einem Coachee durch ganz unterschiedliche, manchmal sehr unscheinbare Mechanismen entstehen, zum Beispiel:

- Einer der Beteiligten geht spontan auf den Coach zu, begrüßt ihn freundlich und dankt ausführlich für die Unterstützung. Der andere bleibt eher am Rand.
- Der Coach hört dem einen Beteiligten aufmerksam zu, fragt nach, wieder ist der andere ausgeblendet.
- Einer der Beteiligten rückt unauffällig näher an den Coach, der Coach wendet sich ihm zu.

Ihre Aufgabe als Coach ist also, dieses Coachingsystem als ausgewogenes System zu steuern. Das heißt aber auch hier, die Aufmerksamkeit auf die Faktoren des sozialen Systems zu richten:

- Überlegen, welche Personen müssen in den Coachingprozess einbezogen werden? Könnte es zum Beispiel hilfreich sein, den Vorgänger von Frau Marquardt miteinzubeziehen?
- Sowohl körpersprachlich als auch sprachlich Ihre »neutrale« Position deutlich zu machen (in der Mediation spricht man hier von »Allparteilichkeit«): ungefähr gleichen Abstand zwischen

beiden Coachees zu haben, in der Blickrichtung und Körperhaltung »ausgewogen« zu sein, also sich nicht dem einen mehr zuwenden als dem anderen, in der Sprache ausgewogen sein: Jeder bekommt die Möglichkeit, seine Sicht zu schildern, jeder hört dem anderen zu, jeder erhält gleichermaßen Wertschätzung.

- Regeln für das Gespräch einführen, zum Beispiel die Regel, dass jeder seine Sicht darstellen kann und der andere ihn nicht unterbricht.
- Die verschiedenen Sichtweisen klären: Wie sieht Herr Pfister die Situation, wie Frau Marquardt? Aber auch: Die Beteiligten unterstützen, nicht nur das Negative, sondern auch das Positive zu sehen.
- Materielle Umwelt und Systemgrenzen einrichten: Zum Beispiel kann man den Besprechungsraum so vorbereiten, dass sich ungefähr ein gleichseitiges Dreieck bilden lässt. Zudem abklären, was aus dem Prozess an Dritte weitergegeben werden darf, was nicht.
- Möglicherweise lässt sich die Vorgeschichte des Konflikts thematisieren. Wir hatten einmal ein Coachinggespräch, wo die Lösung darin bestand, dass jeder »seine Geschichte« einer längst vergangenen Situation erzählte – wobei dann deutlich wurde, dass beide die Situation völlig unterschiedlich erlebt hatten. Aber auch die Geschwindigkeit des Prozesses auszutarieren: Soll man das Hauptproblem sofort angehen oder sich erst langsam herantasten?

In den meisten Situationen ist es hilfreich, mit jedem der Konfliktpartner ein Vorgespräch zu führen – insbesondere dann, wenn Sie einen der beiden schon längere Zeit kennen. Im Vorgespräch kann jeder seine Sichtweise schildern (und Sie bekommen ein Gefühl für die Situation). Und es geht es darum, Ihre Rolle transparent zu machen. Das Coachinggespräch selbst folgt dann wieder dem GROW-Modell.

GOAL (ORIENTIERUNGSPHASE): Wie ansonsten geht es hier darum, Thema und Ziel festzulegen. Doch das ist in solchen Triadensituationen bisweilen schwierig:

- Wenn nur der eine ein Thema hat und der andere sich bereit erklärt mitzukommen, dann arbeiten Sie mit dem Thema des einen und fragen den anderen, ob er bereit ist, sich auf dieses Thema einzulassen. In der Regel bekommen Sie ein »Ja« – sonst wäre der andere gar nicht gekommen. Und Sie können das als erstes positives Ergebnis nutzen.
- Meist werden die Beteiligten völlig unterschiedliche Ziele haben (wie im Fall von Frau Marquardt und Herrn Pfister). Dann macht es wenig, Sinn, das als Ziel anzusetzen. Aber Sie können gleichsam ein »Metaziel« vorschlagen: eine Lösung zu suchen, auf die beide sich einlassen können. Das lässt inhaltlich offen, was das Ergebnis ist, und es verdeutlicht zugleich Ihre Rolle als »neutraler« Coach.

Das deutet auf eine weitere Aufgabe in der Orientierungsphase: Auch wenn Sie es schon in den Vorgesprächen thematisiert haben, machen Sie Ihre Rolle transparent.

Ergebnis der Orientierungsphase müssen klare Kontrakte sein: über das Thema, das Ziel, Ihre Rolle als Coach, über den Zeitrahmen und eventuell weitere Rahmenbedingungen. Achten Sie darauf, dass beide wirklich zustimmen. Ein »Schauen wir mal« verpflichtet zu gar nichts – Sie brauchen hier verbindliche Zusagen.

REALITY (KLÄRUNGSPHASE): Üblicherweise beginnt die Klärungsphase damit, dass jeder seine Sichtweise darstellt. Achten Sie darauf, dass jeder dabei das gleiche Recht hat und keiner anfängt zu diskutieren. Lassen Sie beide Sichtweisen nebeneinanderstehen und machen Sie den Wert dessen deutlich: Es geht darum, die Sichtweisen des anderen kennenzulernen. Möglicherweise fragen Sie nach: »Wussten Sie, wie Herr Pfister das sieht, Frau Marquart?«

Unser Tipp: Je konkreter Sie die Situation darstellen, desto leichter fällt es anschließend, Lösungen zu entwickeln!

Möglicherweise müssen Sie Regelkreise unterbrechen: Beide machen sich wechselseitig Vorwürfe und fallen sich wechselseitig ins Wort. Hier müssen Sie unterbrechen. Ergreifen Sie nachdrücklich das Wort. Damit geben Sie beiden die Möglichkeit, sich etwas »abzukühlen«. Möglicherweise müssen Sie Regeln, wie zum Beispiel einander ausreden lassen, nochmals absichern.

OPTIONS (LÖSUNGSPHASE): Die einfachste Methode ist hier das Brainstorming: gemeinsam Ideen sammeln und dann schauen, auf welche sich beide einlassen können. Auch hier können Sie als Coach selbst Anregungen einbringen – aber die Coachees entscheiden.

Eine andere Möglichkeit ist die Arbeit mit Wünschen – die sogenannte VW-Formel: Vorwürfe in Wünsche transformieren und dann bearbeiten. Die Schritte sind:

METHODE: DIE VW-FORMEL: VORWÜRFE IN WÜNSCHE TRANSFORMIEREN

- Übersetzen Sie den Vorwurf in einen Wunsch: »Ich höre heraus, Sie wünschen sich mehr Freiraum für Ihre Arbeit.« Vorwürfe und Wünsche können den gleichen Inhalt haben, haben aber für den Empfänger völlig unterschiedliche Bedeutung: Ein Vorwurf wird als Angriff verstanden, auf den man in der Regel mit Abwehr reagiert – ein Wunsch dagegen ist ein Zeichen der Wertschätzung. Ich wünsche mir nur etwas von jemandem, der mir wichtig ist.
- *Lassen Sie den Wunsch konkretisieren:* Was kann Frau Marquardt konkret tun, damit Sie mehr Freiraum haben? Fragen Sie möglicherweise nach, ob dem Betreffenden klar ist, was damit gemeint ist. Aber machen Sie den Unterschied deutlich: Es geht jetzt noch

nicht darum, diesen Wunsch zu akzeptieren (das kommt im nächsten Schritt), sondern zu verstehen, was der andere meint.

- *Schließlich:* Dann ist zu klären, ob der andere bereit ist, den Wunsch zu erfüllen.
- *Fast immer werden Sie dann Bedingungen hören:* »Ich würde ihm mehr Freiraum geben, wenn ich mich darauf verlassen könnte, dass …« – Was Sie hier hören (oder transformieren), ist ein zweiter Wunsch: »Ich möchte mich darauf verlassen können, dass …« Dieser Wunsch ist dann gleichermaßen zu bearbeiten: Was bedeutet das konkret? Wäre der andere bereit, das zu akzeptieren?

Arbeit mit Wünschen ist meist ein relativ langwieriger Prozess. Bewährt hat es sich, nicht mit dem wichtigsten Thema zu beginnen, sondern mit einem »ersten Schritt«. Dann haben Sie eine größere Chance auf Erfolg. Und es verändert sich für die Beteiligten etwas, weil Sie plötzlich die Erfahrung machen, dass sie sich einigen können.

WHAT NEXT (ABSCHLUSSPHASE): Was Sie hier brauchen, ist ein klares Ergebnis und eine Vereinbarung über die nächsten Schritte.

METHODE: DAS ERGEBNIS FIXIEREN

- Fassen Sie das Ergebnis zusammen.
- Fragen Sie nach, ob sich jeder darauf einlässt. Sichern Sie sich ab, dass tatsächlich jeder zustimmt.
- Klären Sie die nächsten Schritte. Dazu gehört auch ein möglicher nächster Termin – in unseren Coachinggesprächen achten wir darauf, dass es zumindest einen Nachfolgetermin gibt, in dem das Ergebnis überprüft wird.

Sicher gibt es Situationen, in denen keine Einigung erreicht wird. Hier gilt wieder: Coaching kann keine heile Welt schaffen. Machen Sie das als Ergebnis transparent– und zumindest ist dann der Gewinn, dass man sich nicht mehr um weitere Lösungen bemühen muss. Möglicherweise ist abzuklären, welche Konsequenzen jeder aus diesem Ergebnis zieht. Möglicherweise kann das zum Thema von Einzelgesprächen werden.

FAZIT

Konfliktcoaching in der Triadensituation ist nach unseren Erfahrungen die schwierigste Coachingform überhaupt. Drei Faktoren bestimmen dabei den Erfolg:

- Wertschätzung jedem der Beteiligten gegenüber
- klare Steuerung des Prozesses
- und Neutralität (oder Allparteilichkeit) des Coachs

Und es gilt: Sammeln Sie damit Erfahrungen, vielleicht zunächst in einer Lerngruppe, dann in leichteren Situationen, bis Sie ein Gefühl für Ihr Vorgehen bekommen.

THEORETISCHER HINTERGRUND

Die systemische Betrachtung von Konflikten ist der klassische Ansatz der Systemtheorie in der Tradition von Gregory Bateson. Paul Watzlawick verdeutlicht den Regelkreis von Konflikten am sogenannten Nörgler-Rückzugs-Beispiel.

In Bezug auf Konflikte ist auch Friedrich Glasl zu erwähnen, der das Augenmerk insbesondere auf die Eigendynamik von Konflikten richtet. Er unterscheidet dabei verschiedene Eskalationsstufen: von unscheinbaren Gegensätzen bis zu einer Phase, wo es keine Gewinner und Verlierer gibt und beide Parteien »gemeinsam in den Abgrund« stürzen.

Darüber hinaus gibt es zahlreiche Ansätze der Mediation (wie zum Beispiel das Harvard-Konzept, aber auch die gewaltfreie Kommunikation von Marshall B. Rosenberg), in denen verschiedene Möglichkeiten der Konfliktlösung zwischen verschiedenen Parteien behandelt werden.

LITERATURTIPPS

Aus der umfangreichen Literatur zu Konfliktlosung und Mediation einige Anregungen:

- Freitag, S./Richter, J. (2019): Mediation – das Praxisbuch. Denkmodelle, Methoden und Beispiele. 2. Auflage. Weinheim, Basel: Beltz
- Hertel, A. von (2013): Professionelle Konfliktlösung. Führen mit Mediationskompetenz. 3. Auflage. Frankfurt am Main: Campus
- Holler, I. (2016): Trainingsbuch gewaltfreie Kommunikation. 8. Auflage. Paderborn: Junfermann
- Knapp, P. (Hrsg.) (2019): Konfliktlösungs-Tools. 6. Auflage, Bonn: managerSeminare
- Montada, L./Kals, E. (2013): Mediation. 3. Auflage, Weinheim, Basel: Beltz
- Rosenberg, M. B. (2016): Gewaltfreie Kommunikation. 12. Auflage. Paderborn: Junfermann.

Teil 4

Systemisches Coaching: Wrap up

Sie haben nun viel über systemisches Coaching erfahren, haben Methoden kennengelernt und Anregungen und Hinweise erhalten. Zu guter Letzt möchten wir noch auf drei Dinge hinweisen, die wir in unseren Ausbildungen immer wieder gefragt werden, die uns aber auch sehr wichtig sind: Coaching in unterschiedlichen Rollen, welche Methode passt wann, und vor allem der Kern systemischen Coachings.

Coaching in unterschiedlichen Rollen

DIE VERSCHIEDENEN HÜTE

Wir haben in den vorausgegangenen Kapiteln in der Regel einfach vom Coach geredet. Doch eine Frage ist dabei offen: Wer ist eigentlich Coach? Bezieht sich das nur auf hauptamtliche Coaches, die entweder als externe oder interne Coaches einen Coachee unterstützen (zahlreiche Organisationen haben mittlerweile einen Coachingpool ausgebildeter Coaches), oder ist der Rahmen hier weiter gespannt? Um es ganz klar zu formulieren: Coaching ist für uns nicht auf hauptamtliche Coaches beschränkt, sondern Coaching ist für uns eine Handlungs- oder vielleicht sogar eine Lebensform, die aus unterschiedlichen Rollen möglich ist.

Vielleicht erinnern Sie sich an unsere Definition von Coaching aus dem ersten Teil:

COACHING, WAS IST DAS?

Coaching bedeutet, eine andere Person zu unterstützen,

- die Situation aus einer anderen Perspektive zu betrachten,
- neue Lösungen zu finden und
- sich selbst weiterzuentwickeln.

Personen zu unterstützen, ist eine Aufgabe in ganz vielen Berufen. Als Führungskraft ist es ebenfalls Ihre Aufgabe, Mitarbeiter bei der Lösung von Problemen zu unterstützen und dabei, dass sie sich selbst weiterentwickeln. Als Ärztin oder Krankenschwester ist es

Ihre Aufgabe, Menschen zu unterstützen – nicht nur medizinisch, sondern zum Beispiel auch, mit ihrer Krankheit umzugehen. Als Lehrer ist es zum einen Ihre Aufgabe zu unterrichten, zum anderen besteht ihre Aufgabe darin, Schülerinnen und Schüler bei ihrer Entwicklung zu unterstützen. Als IT-Experte werden Sie sicherlich kaum mit Ihrem Kunden seine Lebensvision erarbeiten, aber Sie können ihn coachen, die für ihn passende Lösung zu finden – und möglicherweise kann die Erarbeitung einer Vision für die zukünftige IT-Struktur ein wichtiger Bestandteil sein. Und in der Familie macht Coaching ebenfalls Sinn: Es sind für alle Beteiligten die schönen Momente, wenn der erwachsene Sohn oder die Nichte mit der Bitte kommen: »Ich brauche mal wieder ein Coaching«. Oder wenn eine Mutter ihre achtjährige Tochter darin coacht, den Konflikt mit einer Klassenkameradin erfolgreich zu lösen.

Sicher, in diesen Rollen als Führungskraft, als Lehrer, als IT-Experte werden Sie vielleicht nicht alles anwenden, was wir in diesem Buch dargestellt haben. Als Erstes können Sie sicherlich die Grundstruktur GROW anwenden (das ist die Rückmeldung, die wir in unseren Kursen immer wieder erhalten). Und Sie brauchen – egal in welcher Rolle – den Blick auf das soziale System. Aber als IT-Experte werden Sie vermutlich nicht die dargestellten Übungen aus der Positiven Psychologie nutzen.

Und noch ein weiterer Punkt ist wichtig: Als Führungskraft, als Lehrer, Referendarin oder als IT-Experte sind Sie nie »nur« Coach, sondern haben immer auch andere Rollen. Was das bedeutet, möchten wir im Folgenden am Beispiel einer Schulleiterin verdeutlichen.

BEISPIEL: DARF EINE SCHULLEITERIN COACHEN?

Sonja Waal ist Schulleiterin einer größeren Schule. Herr Klein, Lehrer an dieser Schule, hat Probleme mit einigen Eltern seiner Schüler. Hilfesuchend kommt er zu Frau Waal: »Ich weiß gar nicht, was ich da machen soll. Immer kommen sie mit neuen Forderungen und beschweren sich, dass ich ihre Kinder zu wenig fördere!«.

Frau Waal hat eine Coachingausbildung gemacht. Doch sie überlegt sich: Darf ich als Vorgesetzte überhaupt hier coachen?

Das Thema ist umstritten: Auf der einen Seite gibt es Verfechter der These, dass Personalentwicklung zu den selbstverständlichen Aufgaben einer Führungskraft gehört und dass dazu Coaching zählt. Auf der anderen Seite wird die These vertreten, dass Coaching Freiwilligkeit voraussetzt und demzufolge in Abhängigkeitsverhältnissen grundsätzlich nicht möglich ist. Schauen wir uns doch das Beispiel einmal genauer an:

- Auf der einen Seite: Wenn eine gute Beziehung zwischen beiden besteht (das Beispiel deutet darauf hin) und Frau Waal die Kompetenz hat, kann sie Herrn Klein coachen. Sie kann ihn zum Beispiel auf der Basis des GROW-Modells unterstützen, Struktur in seine Gedanken zu bringen, die Situation aus einer anderen Perspektive zu betrachten. Sie kann selbst Ideen einbringen. Aber sie muss auch loslassen können und das Vorgehen von Herrn Klein akzeptieren – selbst dann, wenn sie selbst vielleicht einen anderen Weg gehen würde.
- Auf der anderen Seite: Stellen wir uns die Situation etwas verändert vor. Frau Waal wird von aufgeregten Eltern angesprochen, die sich über Herrn Klein beschweren. Dann auf Herrn Klein zuzugehen und zu sagen »Ich möchte Sie gern coachen«, macht wirklich keinen Sinn. Hier ist Frau Waal als Vorgesetzte gefordert, sie muss Position beziehen. Sie wird sicherlich mit Herrn Klein ein Gespräch führen. Aber das ist kein Coachinggespräch.

Allgemein formuliert: Coaching ist *eine* Rolle einer Führungskraft. Voraussetzung ist, dass Vertrauen zwischen beiden besteht: Vertrauen aufseiten des Mitarbeiters, dass die Vorgesetzte ihn unterstützen wird. Und ebenso Vertrauen der Vorgesetzten in die Kompetenzen des Mitarbeiters, aber auch in die eigenen Kompetenzen als Coach. Natürlich gibt es viele Situationen, in denen dieses wechselseitige Vertrauen vorhanden ist. Hier ist Coaching durch den Vorgesetzten in der Regel wirkungsvoller, als wenn sich Herr Klein einen fremden Coach suchen würde, zu dem er erst Vertrauen aufbauen müsste.

Zugleich gibt es Grenzen: Stellen Sie sich vor, Sie haben Probleme mit Ihrem Chef. Dann werden Sie sich kaum von Ihrem Chef coachen lassen. Das Gleiche gilt, wenn Sie als Führungskraft Probleme mit einem Mitarbeiter haben. Dann sind Sie gefordert, Position zu beziehen. Sie handeln in diesem Fall nicht aus der Rolle des Coachs, der seinen Coachee fragt, ob er ihn unterstützen kann, sondern aus der Rolle des Entscheiders oder Managers, der Position beziehen muss.

Eine Führungskraft (und Ähnliches gilt für viele andere Rollen) ist somit nie nur Coach, sondern immer auch Manager oder Entscheider. Führung bedeutet, beide Rollen je nach der Situation auszufüllen. Manchmal wird eine Führungskraft als Coach agieren, manchmal als Entscheider Position beziehen, Kritik üben oder Entscheidungen treffen.

Aber wie lässt sich entscheiden, was jeweils angebracht ist? Hier gibt es ein relativ einfaches Kriterium, das ursprünglich Thomas Gordon, der Autor der »Familienkonferenz«, »Lehrer-Schüler-Konferenz« und »Manager-Konferenz« (zum Beispiel Gordon 2012; 2014) eingeführt hat: der Problembesitz. Kernaussage ist:

- Wenn ich selbst ein Problem habe (wie Frau Waal im zweiten Beispiel), dann kann ich nicht »neutral« sein und die Systemgrenze zum Coachee bewahren. Ich kann nicht coachen. Ich muss Position beziehen.
- Wenn Ihr Gesprächspartner (Ihr Mitarbeiter) ein Problem (oder ein Anliegen) hat, dem gegenüber Sie »neutral« sein können, können Sie die Rolle als Coach ausfüllen.

Führungskraft als Entscheider und Coach

Kernfrage: Wer hat ein Problem oder ein Anliegen?

Führungskraft hat ein Anliegen:	**Mitarbeiter hat ein Anliegen:**
• will einen Auftrag erteilen • eine Entscheidung durchsetzen • hat Kritik gegenüber dem Mitarbeiter • ist ärgerlich auf Mitarbeiter	• hat ein Problem • braucht Unterstützung • sucht Hilfe
Führungskraft als Manager/Entscheider	**Führungskraft als Coach**
bezieht Position	unterstützt den Mitarbeiter, seine eigene Lösung zu finden

Bleiben wir noch etwas beim Eingangsbeispiel: Frau Waal coacht Herrn Klein – und wir können uns gut vorstellen, dass dieses Gespräch Herrn Klein hilft, Klarheit über die Situation zu bekommen und die nächsten Schritte festzulegen.

Doch jetzt verändern wir die Situation nochmals: Während des Gesprächs bringt Herr Klein eine Lösung ein, die rechtlich überhaupt nicht vertretbar ist oder die Frau Waal als Schulleiterin nicht akzeptieren kann. Soll sie trotzdem »neutraler« Coach bleiben – um dann vielleicht in einem anschließenden Gespräch als Schulleiterin Einspruch zu erheben? – Dass ein solches Vorgehen widersinnig wäre, sagt bereits der gesunde Menschenverstand. Coaching bedeutet nicht, den gesunden Menschenverstand auszuschalten. Sondern als Führungskraft bleiben Sie im Coaching irgendwie auch Manager. Und das bedeutet, dass Sie als Führungskraft ein Vetorecht haben – eben das macht Führung aus.

Das klingt jetzt arg kompliziert, ist es aber letztlich nicht. Sie müssen sich nicht jedes Mal den Kopf zerbrechen, in welcher Rolle

Sie sich befinden. Sie haben dafür ein Signalsystem, auf das Sie sich verlassen können und dass Sie situativ steuert: Ihr emotionales Denken.

Unser Tipp: Wenn Sie zum Beispiel als Führungskraft coachen, dann

- machen Sie sich bewusst, dass Coaching eine Führungsaufgabe ist, Mitarbeiter zu unterstützen, selbstständig zu handeln und Verantwortung zu übernehmen,
- machen Sie sich aber ebenso bewusst, dass Sie nie »nur« Coach sind, sondern immer auch Manager und Entscheider, der als solcher zwangsläufig bestimmte Rahmenvorgaben beachten muss.
- Wenn Sie sich dieser Haltung als Manager und Coach intuitiv vergewissert haben, können Sie sich im Coachingprozess auf Ihr Bauchgefühl, auf Ihre somatischen Marker verlassen. Sie werden deutliche Signale erhalten, die Ihnen mitteilen »Du kannst den Prozess weiterführen« oder »Halt, du bist hier als Entscheider gefordert«. Ob das bedeutet, dass Sie als Führungskraft Veto gegen eine bestimmte Lösung einbringen oder ob Sie möglicherweise den Coachingprozess abbrechen müssen, auch dazu werden Sie entsprechende Signale erhalten.

Das Gleiche gilt für Coaching in anderen Rollen: Als Business-Partner ist es auch Ihre Aufgabe, zum Beispiel Führungskräfte zu coachen – wieder unter der Voraussetzung, dass Vertrauen besteht und dass Sie »neutral« sein können. Zugleich haben Sie eine Steuerungsfunktion, die bedeutet, dass Sie möglicherweise bestimmten Vorgehensweisen nicht zustimmen können. Auch als Experte haben Sie möglicherweise bestimmte Rahmenvorgaben im Blick zu behalten. Möglicherweise kann es hilfreich sein, den Rahmen zu Beginn des Gesprächs deutlich zu machen – wenn er nicht für beide Gesprächspartner ohnehin deutlich ist.

Und zu guter Letzt: Selbst für einen externen Coach wird es Grenzen geben, bei deren Überschreitung er nicht mehr Coach sein kann, sondern Betroffener ist. Und auch hier gilt: Vergewissern Sie sich Ihres Menschenbildes und Ihrer Haltung und achten Sie auf Ihr Bauchgefühl.

LITERATURTIPPS

Ein Klassiker für Coaching als Führungskraft ist immer noch:

- Gordon, T. (2012): Managerkonferenz. 22. Auflage. München: Heyne

Hilfreiche Anregungen finden Sie bei:

- Hinkelmann, R./Enzweiler, T. (2018): Coaching als Führungsinstrument. Neue Leadership Konzepte für das digitale Zeitalter. Wiesbaden, Berlin: Springer
- Kühl, W. u. a. (2018): Coaching als Führungskompetenz. Konzeptionelle Überlegungen und Modelle. Göttingen: Vandenhoeck & Ruprecht
- Schumann, K. von/Böttcher, T. (2016): Coaching als Führungsstil. Eine Einführung für Führungskräfte, Personalentwickler und Berater. Wiesbaden: Springer

Welche Methode ist die richtige?

Das ist eine Frage, die wir von den Teilnehmerinnen und Teilnehmern unserer Ausbildungen immer wieder zu hören bekommen. Wir können uns vorstellen, dass Sie ebenfalls diese Frage stellen. Darauf gibt es eine gute und eine schlechte Nachricht:

- Die gute Nachricht lautet: GROW im Coaching geht immer. Sie können GROW anwenden, Ihren Coachee zu unterstützen, in sein Denken eine Struktur zu bekommen. GROW ist das, was den Teilnehmerinnen und Teilnehmern unserer Ausbildungen Sicherheit gibt und was wir in kürzeren Coachingweiterbildungen immer an den Anfang stellen.
- Es gibt zahlreiche Möglichkeiten, GROW auszugestalten. Sie können es ganz einfach als Tabelle verwenden, Sie können eine Visualisierung des sozialen Systems durchführen, mit Bildern und Symbolen arbeiten.
- Aber: Es gibt kein Patentrezept, welche Methode die richtige ist. Oder vielleicht ist das doch eine gute Nachricht. Sie lautet: Viele Wege führen nach Rom – oder im Coaching zum Ziel. Von daher: Vertrauen Sie Ihrer Intuition.

Allerdings gibt es Hinweise, welches Vorgehen mehr oder weniger hilfreich sein kann. Zwei Konzepte dafür möchten wir Ihnen vorstellen: das Konzept der Ebenen der Veränderung und das Konzept der Stages of Change.

EBENEN DER VERÄNDERUNG: Das Konzept der Ebenen der Veränderung, das von Robert Dilts (1994) als Konzept der »logischen Ebenen« entwickelt wurde, stellt eine Pyramide der verschiedenen Veränderungsebenen vor. Verknüpft mit dem systemischen Blickwinkel kann dieses Modell als Orientierung dienen, wann welcher Ansatzpunkt geeignet ist.

Ebenen der Veränderung

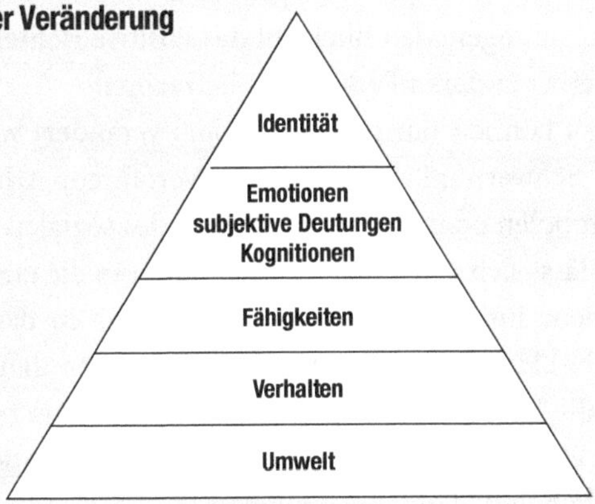

Je nach der Ebene, in der sich der Coachee befindet, liegen unterschiedliche Vorgehensweisen nahe.

- *Ebene der Umwelt:* Hier liegt es nahe, den Blick auf die Umweltfaktoren zu richten und diese gegebenenfalls anders einzurichten. Zum Beispiel werden zwei Kollegen zusammengesetzt, bei denen in der Arbeitsaufteilung immer wieder Überschneidungsprobleme auftreten, um die Absprachen untereinander zu erleichtern.
- *Ebene des Verhaltens:* Häufig verfügt der Coachee über das notwendige Verhaltensrepertoire, wendet es aber nicht an. Hier hilft die klassische GROW-Struktur, um neue Handlungsmöglichkeiten zu entwickeln. Alternativen wären Unterbrechung von Regelkreisen, Veränderung von Regeln und anderes mehr.
- *Ebene der Fähigkeiten:* Nehmen wir an, Ihr Coachee muss ein Kritikgespräch führen, weiß aber nicht, wie er dabei vorgehen soll. Dann ist die einfachste Antwort Expertenberatung: ihm zum Beispiel eine Checkliste für die wichtigen Schritte an die Hand zu geben. Sie können aber auch Trainingseinheiten in das Coaching integrieren, zum Beispiel mit Ihrem Coachee ein Rollenspiel durchführen.

- Auf der *Ebene der Kognitionen* geht es um die Veränderung subjektiver Deutungen: den Blick auf das Positive richten, die Situation aus einer anderen Perspektive betrachten.
- *Emotionen* können nur schwer rational verändert werden. Hier liegt der Schwerpunkt auf analogen Verfahren: Arbeit mit Bildern, Symbolen oder die Visualisierung des sozialen Systems.
- *Identität* lässt sich verstehen als Integration in die eigene Biografie: die neue Einstellung, das neue Verhalten in das alltägliche (berufliche) Handeln integrieren. Möglichkeiten dafür sind zum Beispiel die Entwicklung einer Vision und Lebensstrategie, aber auch die Unterstützung durch Erinnerungshilfen oder Hausaufgaben, um neues Handeln einzuüben.

Sicherlich, diese Unterscheidung ist nicht trennscharf. Aber sie bietet eine erste Orientierung. Häufig passiert es, dass der Coachingprozess auf der Ebene des Verhaltens startet, dann aber nicht vorwärtskommt, die gefundenen Lösungen werden nicht umgesetzt. Dann kann es hilfreich sein, auf die Ebene der Kognitionen und insbesondere der Emotionen zu wechseln.

STAGES OF CHANGE: Ein anderes Konzept sind die »Stages of Change« in Anlehnung an James O. Prochaska (Prochaska/Prochaska 2016). Dieses Konzept geht davon aus, dass die Veränderungsbereitschaft der Coachees unterschiedlich sein kann. Sie kennen das sicherlich: Ein Coachee wurde von seinem Vorgesetzten geschickt – aber eigentlich ist er der Meinung, dass nicht er, sondern sein Vorgesetzter das Coaching benötige. Dann zeigt er wenig Bereitschaft, sich selbst zu verändern.

Prochaska unterscheidet dabei verschiedene Phasen der Veränderungsbereitschaft

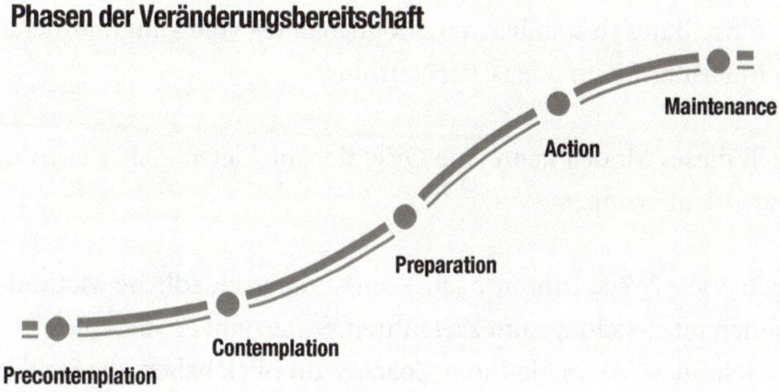

- *Precontemplation:* Der Coachee sieht bei sich kein Problem, das Problem liegt bei anderen. Hier geht es zunächst darum, Vertrauen zu gewinnen und mitzugehen. Was kann er tun, um besser mit dem (falschen) Verhalten seines Vorgesetzten umzugehen. Möglicherweise lässt sich das Systemmodell einführen: Es gibt nicht den einen Schuldigen, sondern jeder hat etwas dazu beigetragen.
- *Contemplation:* »Ich könnte vielleicht doch mit dem Problem etwas zu tun haben«, ist hier die Kernbotschaft Ihres Coachees. Aber das Problem ist diffus. An dieser Stelle können Sie als Coach schon anfangen mit ihm zu arbeiten: eine konkrete Situation fokussieren, verdeckte Erfahrungen nachfragen, vielleicht schon einen Regelkreis aufzeigen.
- *Preparation:* Hier will Ihr Coachee etwas ändern. Er möchte konkrete Lösungen bekommen – aber irgendwie haben Sie das Gefühl, es ist noch nicht der Kernpunkt. Die Lösung ist: Gehen Sie mit. Bearbeiten Sie mit Ihrem Coachee das Thema, das er Ihnen gerade anbietet.
- *Action:* Ihr Coachee will nun etwas tun, er will arbeiten. Hier können Sie die wirklich wichtigen Themen in Angriff nehmen, können auch auf die analoge Ebene wechseln, mit Symbolen arbeiten, die berufliche Vision entwickeln.

- *Maintenance:* Hier geht es darum, das neue Verhalten, die neue Einstellung zu stabilisieren. Möglichkeiten sind zum Beispiel Erinnerungshilfen oder Checktermine.

Auch dieses Modell kann eine Orientierung bieten – aber eben nur eine Orientierung.

Fazit: Viele Wege führen nach Rom – unterschiedliche Methoden können im Coaching zum Ziel führen. Selten gibt es »die eine richtige Methode«. Wenn Sie Ihren Coachee im Blick haben, die Struktur im Blick haben und auf Ihre Intuition achten, werden Sie die richtige Methode finden.

Unser Tipp: Was immer eine Möglichkeit ist: Machen Sie nach der Orientierungsphase eine kurze Pause, das geht immer (und wenn Sie sagen, Sie müssten mal »kurz verschwinden«, wird Ihnen das niemand verwehren). Nutzen Sie die zwei, drei Minuten und überlegen Sie für sich: Welche Methode ist geeignet? Was spricht für oder gegen die eine oder andere Methode? Was sagt mein Bauchgefühl?

Der Kern systemischen Coachings

Sie haben in den vorausgegangenen Kapiteln viele Vorgehensweisen systemischen Coachings kennengelernt. Vielleicht haben Sie angesichts der vielen Hinweise und Anregungen etwas den Überblick verloren. Daher laden wir Sie ein, kurz innezuhalten, und wir fassen zusammen: Was ist für uns der »Kern« systemischen Coachings? Was ist der USP, der »Unique Selling Point«? Was ist das Wesentliche, das Kennzeichen eines Produkts, eines Konzepts, auch eines Coachingkonzepts? Was hebt systemisches Coaching von anderen Konzepten ab?

Es sind für uns drei Aspekte, die den Kern systemischen Coachings ausmachen:

- das humanistische Menschenbild und die daraus resultierende Haltung
- die Verbindung zwischen Struktur und Intuition
- der Blick auf das soziale System.

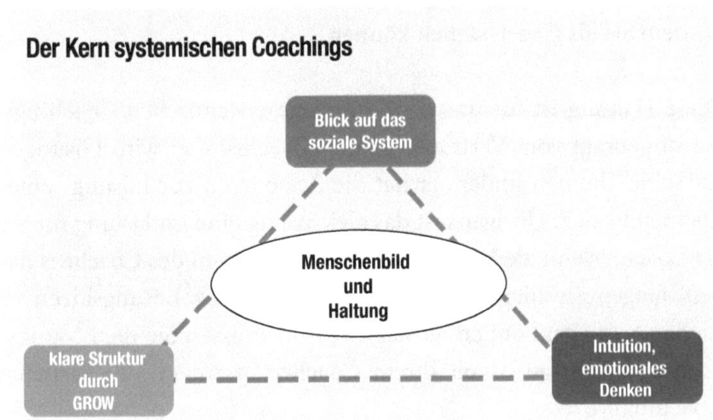

MENSCHENBILD UND HALTUNG: Das humanistische Menschenbild und die daraus resultierende Haltung sind für uns die zentrale Grundlage des systemischen Coachings. Genau das grenzt systemisches Coaching deutlich ab von anderen Konzepten, die Coaching letztlich auf die Anwendung von Tools reduzieren. Selbstverständlich sind starke Fragen hilfreich – aber Coaching ist kein mehr oder minder mechanisches Aneinanderreihen von Fragen. Coaching, so hatten wir festgestellt, beginnt bei Ihnen als Coach selbst:

- Machen Sie sich bewusst, dass Ihr Gegenüber eine autonome Person ist, die selbst entscheiden kann, was für sie passend ist und der man nicht die »richtige Lösung« verkaufen muss und darf.
- Machen Sie sich bewusst, dass Ihr Gegenüber in diesem Moment für Sie die wichtigste Person ist, die Sie unterstützen können, sich über seine Situation klar zu werden, neue Lösungen zu finden und sich selbst weiterzuentwickeln.
- Fokussieren Sie sich auf den anderen. Wichtig ist, offen zu sein für die Empfindungen des anderen und ihn zu unterstützen, sich seiner Empfindungen und der dahinterstehenden Botschaften bewusst zu werden
- Schließlich ist grundlegend, stets authentisch zu bleiben: sensibel gegenüber den eigenen emotionalen Signalen und das zu tun, zu dem Sie als Coach stehen können.

Diese Haltung ist für uns die Grundlage systemischen Coachings. Sie ist geprägt vom Vertrauen in den Coachee – er wird Lösungen für seine Themen finden, er hat die Ressourcen zur Lösung seiner Themen in sich. Übrigens ist das gleichzeitig eine Entlastung für Sie als Coach: Wenn Sie Vertrauen in die Fähigkeiten des Coachees haben, fangen Sie nicht an, verzweifelt selbst nach Lösungsideen zu suchen, sondern können »loslassen« – überlassen Sie die Lösungsfindungen vertrauensvoll Ihrem Coachee in einem gut geleiteten Coachingprozess.

STRUKTUR UND INTUITION: Systemisches Coaching erfordert sowohl eine klare Struktur als auch Einfühlungsvermögen und Intuition. Das ist für uns kein Gegensatz.

- Coaching heißt zum einen, dem Denken des Coachees eine Struktur zu geben, eine komplexe Situation zu zergliedern, sie aus einer anderen Perspektive zu erfassen und auf dieser Basis neue Lösungen zu finden.
- Aber eine solche Struktur darf nie starr sein. Wir erleben es im Coaching immer wieder: Entscheidend für den Erfolg des Coachings ist ebenso die Intuition des Coachs: die Fähigkeit, intuitiv die Struktur auszufüllen, kreative Vorgehensweisen zu wählen oder vielleicht auch einmal eine Struktur zu durchbrechen. Nutzen Sie dafür Ihr Bauchgefühl!

DER BLICK AUF DAS SOZIALE SYSTEM: Was systemisches Coaching von anderen Coachingkonzepten in der Tradition der Humanistischen Psychologie unterscheidet, ist der Blick auf das soziale System. Was das heißt, haben wir in diesem Buch dargestellt. Hier nochmals zusammengefasst:

DER BLICK AUF DAS SOZIALE SYSTEM: WAS IST DAS?

»Menschen sind abhängig vom sozialen System – aber können auch soziale Systeme verändern« – das ist die Hauptthese systemischen Denkens.

Systemisches Coaching bedeutet dann, andere Personen zu unterstützen,

- sich der Abhängigkeiten in ihrem sozialen System bewusst zu werden und sie zu reflektieren,
- Spielräume im sozialen System zu erkennen, zu nutzen und zu erweitern,
- Anstöße zur Veränderung sozialer Systeme zu geben.

Dass das ebenfalls kein mechanisches Vorgehen ist, bei dem Ihr Coachee ein bestimmtes Vorgehen plant, umsetzt und das dann zu entsprechenden Ergebnissen führt, brauchen wir hier sicherlich nicht eigens zu betonen. Veränderungen in sozialen Systemen sind nicht technisch plan- und umsetzbar, denn soziale Systeme haben eine Eigendynamik und sind damit in gewisser Hinsicht »autonom« gegenüber Interventionen. Auch das kann Thema sein, Ihren Coachee darauf hinzuweisen.

Systemisches Coaching heißt also, den Blick auf das soziale System zu lenken: Welche systemischen Faktoren führen zu einer bestimmten Situation? Welche Interventionsmöglichkeiten gibt es im Hinblick auf diese systemischen Faktoren?

Systemisches Coaching, so lässt sich abschließen, ist keine Technik, die ein Coach anwendet. Es ist eine komplexe, lebendige Interaktion zwischen Coachee und Coach – und zugleich eine wunderbare Möglichkeit, Menschen in ihrer Entwicklung zu unterstützen, ohne ihnen die Verantwortung abzunehmen. Grundvoraussetzung ist Vertrauen:

- das Vertrauen in die Ressourcen des Coachees, dass er die für ihn passende Lösung finden wird,
- und zugleich aber auch das Vertrauen in die eigenen Ressourcen als Coach und die eigene Intuition, die Sie in dem Prozess leiten wird.

Wir wünschen Ihnen viel Spaß und Freude bei dieser wundervollen Arbeit!

Literaturverzeichnis

Allen, D./Reuter, H. (2017): *Wie ich die Dinge geregelt kriege*. 5. Auflage. München: Piper.

Bauer, J. (2016): *Warum ich fühle, was du fühlst*. 24. Auflage. München: Heyne.

Berger, M./Hardeland, H. (2017): *Coaching und Beratung evaluieren*. Weinheim, Basel: Beltz.

Berking, M. (2017): *Training emotionaler Kompetenzen*. 4. Auflage. Berlin, Heidelberg: Springer Berlin Heidelberg.

Birkmayer, S. (2010): *Six sigma toolkit*. 4. Auflage. Wien: IFSS Institute for Six Sigma.

Blatter, I. (2017): *Arbeite klüger – nicht härter!* Hannover: humboldt.

Blickhan, D. (2018): *Positive Psychologie*. 2. Auflage. Paderborn: Junfermann.

Bonsen, M. zur/Maleh, C. (2012): *Appreciative Inquiry (AI): der Weg zu Spitzenleistungen*. 2. Auflage. Weinheim, Basel: Beltz.

Brandt, E. (2020): *Zeitmanagement im Takt der Persönlichkeit*. Welche Zeitpersönlichkeit sind Sie? Und wie ticken die anderen? Auf der Basis des STRUCTOGRAM®. Mit E-Book und Audio inside. Weinheim, Basel: Beltz.

Breiner, G./Polt, W. (2016): *Lösungen mit dem Systembrett*. 2. Auflage. Münster: Ökotopia.

Bridges, W./Bridges, S. (2018): *Managing Transitions. Erfolgreich durch Übergänge und Veränderungsprozesse führen*. München: Vahlen.

Brüggemann, H./Ehret-Ivankovic, K./Klütmann, C. (2016): *Systemische Beratung in fünf Gängen*. 6. Auflage. Göttingen: Vandenhoeck & Ruprecht.

Budde, C. (2015): *Mitten ins Herz – Storytelling im Coaching*. Bonn: managerSeminare.

Bührmann, T. (2008): *Übergänge in sozialen Systemen*. Weinheim: Beltz.

Caligor, E./Kernberg, O./Clarkin, J./Yeomans, F. (2018): *Psychodynamic Therapy for Personality Pathology*. Washington, D.C: American Psychiatric Publishing.

Chandler, A. (1962): *Strategy and structure chapters in the history of the industrial enterprise*. Cambridge: M.I.T. Press.

Damasio, A. (2010): *Descartes' Irrtum*. 6. Auflage. München: List.

DBVC (2010): *Leitlinien und Empfehlungen für die Entwicklung von Coaching als Profession*. 3. Auflage. Osnabrück: DBVC.

Dehner, R./Dehner, U. (2007): *Schluss mit diesen Spielchen!* Frankfurt am Main: Campus.

Dilts, R. (2010): *Die Veränderung von Glaubenssystemen.* 5. Auflage. Paderborn: Junfermann.

Ebner, M. (2019): *Positive Leadership.* Wien: Facultas.

Eismann, G./Lammers, C.-H. (2017): *Therapie-Tools Emotionsregulation.* Weinheim, Basel: Beltz.

Faschingbauer, M. (2017): *Effectuation.* 3. Auflage. Stuttgart: Schäffer-Poeschel.

Freeman, R. (1984): *Strategic management.* Boston: Pitman.

Freitag, S./Richter, J. (2019): *Mediation – das Praxisbuch.* Denkmodelle, Methoden und Beispiele. 2. Auflage. Weinheim, Basel: Beltz.

Gennep, A. van/Schomburg, K./Schomburg-Scherff, S. (2005): *Übergangsriten.* 3. Auflage. Frankfurt am Main: Campus.

Gigerenzer, G./Kober, H. (2009): *Bauchentscheidungen.* 10. Auflage. München: Goldmann.

Glasl, F. (2013): *Konfliktmanagement.* 11. Auflage. Bern, Stuttgart: Haupt.

Goffman, E. (1971): *Verhalten in sozialen Situationen.* Gütersloh: Bertelsmann.

Gordon, T. (2014): *Familienkonferenz.* 4. Auflage. München: Heyne.

Gordon, T. (2012): *Managerkonferenz.* 22. Auflage. München: Heyne.

Greenberg, L./Kloosterziel, R. (2016): *Emotionsfokussierte Therapie.* 2. Auflage. München, Basel: Ernst Reinhardt.

Groth, T. (2017): *66 Gebote systemischen Denkens und Handelns in Management und Beratung.* 2. Auflage. Heidelberg, Neckar: Carl-Auer.

Günther, E. (2018): *Stakeholder Management.* Konstanz: UTB.

Härtl-Kasulke, C. (2017): Mein Erfolgstagebuch. Weinheim, Basel: Beltz

Hertel, A. von (2013): *Professionelle Konfliktlösung.* Führen mit Mediationskompetenz. 3. Auflage. Frankfurt am Main: Campus.

Hinkelmann, R.; Enzweiler, T. (2018): *Coaching Als Führungsinstrument.* Wiesbaden: Gabler.

Holler, I. (2016): *Trainingsbuch gewaltfreie Kommunikation.* 8. Auflage. Paderborn: Junfermann.

Hutterer, R. (1998): *Das Paradigma der Humanistischen Psychologie.* Vienna: Springer Vienna.

Jánszky, S./Jenzowsky, S. (2013): *Rulebreaker.* Berlin: Goldegg.

Jefferys-Duden, K. (2018): *Das neue Streitschlichterprogramm.* 9. Auflage. Buxtehude: Persen.

Kahneman, D. (2012): *Schnelles Denken, langsames Denken.* München: Penguin.

Kaluza, G. (2015): *Gelassen und sicher im Stress.* 6. Auflage. Berlin: Springer.

Kaluza, G. (2018): *Gelassen und sicher im Stress*. 7. Auflage. Berlin, Heidelberg: Springer.

Kerth, K./Asum, H./Stich, V. (2015): *Die besten Strategietools in der Praxis*. 6. Auflage. München: Hanser.

Kindl-Beilfuß, C. (2018): *Fragen können wie Küsse schmecken*. 8. Auflage. Heidelberg: Carl-Auer.

Knapp, P. (2019): *Konfliktlosungs-Tools*. 6. Auflage. Bonn: managerSeminare.

König, E./Volmer, G. (2018): *Handbuch Systemische Organisationsberatung*. 3. Auflage. Weinheim, Basel: Beltz.

König, E./Volmer, G. (2019): *Handbuch Systemisches Coaching*. 3. Auflage. Weinheim, Basel: Beltz.

König, E./Volmer-König, G. (2020): *Einführung in das systemische Denken und Handeln*. 2. Auflage. Weinheim, Basel: Beltz.

Königswieser, R./Hillebrand, M. (2011): *Einführung in die systemische Organisationsberatung*. Heidelberg: Carl-Auer.

Kriz, J. (2014): *Grundkonzepte der Psychotherapie*. 7. Auflage. Weinheim, Basel: Beltz.

Kühl, W./Schäfer, E./Lampert, A. (2018). *Coaching als Führungskompetenz*. 1. Auflage. Göttingen: Vandenhoeck & Ruprecht.

Kuntz, B. (2014): *Die Katze im Sack verkaufen*. 4. Auflage. Bonn: managerSeminare.

Laufer, H. (2018): *Grundlagen erfolgreicher Mitarbeiterführung*. 18. Auflage. Offenbach: Gabal.

Lindemann, H. (2016): *Die große Metaphern-Schatzkiste – Band 1: Grundlagen und Methoden*. 3. Auflage. Göttingen: Vandenhoeck & Ruprecht.

Lindemann, H. (2019): *Konstruktivismus, Systemtheorie und praktisches Handeln*. Göttingen: Vandenhoeck & Ruprecht.

Luhmann, N. (1984): *Soziale Systeme*. 1. Auflage. Frankfurt am Main: Suhrkamp.

Mahlmann, R. (2019): *Führungsstile und -methoden gezielt einsetzen*. 2. Auflage. Weinheim: Julius Beltz.

Malik, F. (2000): *Systemisches Management, Evolution, Selbstorganisation*. 2. Auflage. Bern: Haupt.

McGregor, D. (1973): *Der Mensch im Unternehmen*. 3. Auflage. Düsseldorf: Econ.

Minuchin, S./Stopfel, U. (2015): *Familie und Familientherapie*. 11. Auflage. Freiburg: Lambertus.

Montada, L./Kals, E. (2013): *Meditation*. 3. Auflage. Weinheim, Basel: Beltz.

Neuberger, O. (2015): *Das Mitarbeitergespräch*. 6. Auflage. Wiesbaden: Gabler.

O'Connor, J.; MacDermott, I. (2006): *Die Lösung lauert überall*. 4. Auflage. Kirchzarten: VAK.

Patrzek, A. (2017): *Systemisches Fragen*. 2. Auflage. Wiesbaden: Springer Gabler.

Pinnow, D. (2012): *Führen*. 6. Auflage. Berlin, Wiesbaden: Springer.

Prior, M./Trenkle, B. (2016): *Beratung und Therapie optimal vorbereiten*. 7. Auflage. Heidelberg: Carl-Auer.

Probst, G. (2007): *Selbst-Organisation*. Berlin: Parey.

Prochaska, J./Prochaska, J. (2016): *Changing to thrive*. Center City, MN: Hazelden.

Radatz, S. (2015): *Beratung ohne Ratschlag*. 9. Auflage. Wolkersdorf: Literatur-VSM.

Rauen, C. (2017/2018): *Coaching-Tools*. 3 Bände: managerSeminare.

Reisinger, S./Gattringer, R./Strehl, F. (2017): *Strategisches Management*. 2. Auflage. Hallbergmoos: Pearson.

Rizzolatti, G./Sinigaglia, C./Griese, F. (2012): *Empathie und Spiegelneurone*. 4. Auflage. Frankfurt am Main: Suhrkamp.

Rogers, C./Schmid, P. (2004): *Person-zentriert*. 4. Auflage. Mainz: Matthias-Grünewald.

Rollka, B./Schultz, F. (2011): *Kommunikationsinstrument Menschenbild*. Wiesbaden: VS Verlag für Sozialwissenschaften.

Rosa, H. (2019): *Resonanz*. Berlin: Suhrkamp.

Rosenberg, M. B. (2016): *Gewaltfreie Kommunikation*. 12. Auflage. Paderborn: Junfermann.

Saller, T./Mauder, S./Flesch, S. (2016): *Tabu*. Freiburg: Haufe Lexware.

Satir, V./Baldwin, M. (2004): *Familientherapie in Aktion*. 6. Auflage. Paderborn: Junfermann.

Satir, V./Banmen, J./Gerber, J./Gomori, M. (2007): *Das Satir-Modell*. 3. Auflage. Paderborn: Junfermann.

Schlippe, A. von/Schweitzer, J. (2016): *Lehrbuch der systemischen Therapie und Beratung I*. 3. Auflage. Göttingen: Vandenhoeck & Ruprecht.

Schlippe, A. von/Schweitzer, J. (2019): *Systemische Interventionen*. 4. Auflage. Stuttgart: UTB.

Schroer, W./Stauber, B./Walther, A./Bohnisch, L./Lenz, K. (2013): *Handbuch Übergange*. Weinheim, Basel: Beltz.

Schulz von Thun, F. (2018): *Störungen und Klärungen*. 55. Auflage. Reinbek: Rowohlt.

Schumann, K. von; Böttcher, T. (2016): *Coaching als Führungsstil*. Wiesbaden: Springer.

Schwing, R./Fryszer, A. (2018): *Systemisches Handwerk*. 9. Auflage. Göttingen: Vandenhoeck & Ruprecht.

Seiwert, L. (2018): *Wenn du es eilig hast, gehe langsam*. 17. Auflage. Frankfurt, New York: Campus.

Seliger, R. (2014): *Positive Leadership*. Die Revolution in der Führung. Stuttgart: Schäffer-Poeschel.

Seligman, M. (2009): *Der Glücksfaktor*. 5. Auflage. Bergisch Gladbach: Ehrenwirth.

Seligman, M. (2015): *Wie wir aufblühen*. 2. Auflage. München: Goldmann.

Senge, P. (2017): *Die fünfte Disziplin*. 11. Auflage. Stuttgart: Schäffer-Poeschel.

Shazer, S. de/Dolan, Y. (2018): *Mehr als ein Wunder*. 6. Auflage. Heidelberg: Carl-Auer.

Simon, F. (2017): *Einführung in Systemtheorie und Konstruktivismus*. 8. Auflage. Heidelberg: Carl-Auer.

Storch, M. (2018): *Das Geheimnis kluger Entscheidungen*. 10. Auflage. München, Berlin, Zürch: Piper.

Storch, M./Krause, F. (2011): *Selbstmanagement – ressourcenorientiert*. 4. Auflage. Bern: Huber.

Storch, M./Krause, F. (2017): *Selbstmanagement – ressourcenorientiert*. 6. Auflage. Bern: Hogrefe.

Vester, F. (2002): *Unsere Welt – ein vernetztes System*. 11. Auflage. München: dtv.

Watzlawick, P./Weakland, J./Fisch, R./Erickson, M. (2013): *Lösungen*. 8. Auflage. Bern: Huber.

Watzlawick, P. (2015): *Anleitung zum Unglücklichsein*. 28. Auflage. München: Piper.

Werther, D. (Hrsg.) (2020): *Mission – Vision – Werte*. 2. Auflage. Weinheim, Basel: Beltz.

Whitmore, J. (2015): *Coaching for Performance*. Paderborn: Junfermann.

Willken, B. (2019): *Methoden der kognitiven Umstrukturierung*. Ein Leitfaden für die psychotherapeutische Praxis. 8. Auflage. Stuttgart: Kohlhammer.

Zimbardo, P./Gerrig, R./Graf, R. (2008): *Psychologie*. 18. Auflage. München: Pearson Studium.